빠알리 경전에서 선별한

행복과 평화를 주는 가르침

일아 역편

민족사

빠알리 경전에서 선별한

행복과 평화를 주는 가르침

부처님
존경받아 마땅한 분
바르게 깨달으신 분께 귀의합니다. (3번)

(Namo Tassa Bhagavato Arahato sammāsambuddhassa)*

나모 땃사 바가와또 아라하또 삼마삼붓닷사

• • • •

* 모든 빠알리 경전의 서두는 이렇게 부처님 예경으로 시작된다.

머리말

이 책은 2008년 출판된 『예경독송집』을 가지고 다니기 편한 책으로 만들어 달라는 요청으로, 작은 판형에 제목도 대중과 더 친밀한 『행복과 평화를 주는 가르침』으로 바꾸어 2009년에 출판하였다.

이제 수정이 필요한 부분은 수정하여 재판을 하게 되었다.

불교의 근본 뿌리인 빠알리 경전은 그 중요성을 아무리 강조해도 지나치지 않다. 이 책은 역자의 편역서 『한 권으로 읽는 빠알리 경전』 중에서 예불·예경·예식·기도·독송하기에 적합한 경전들을 선별하여 필요한 용도별로 분류하여 이용하기 쉽고 편리하고 유용한 책으로 만들었다.

여기에 선별된 경전들은 그야말로 보석처럼 빛나는 부처님 가르침의 핵심을 모은 것이다. 한 구절 한 구절 모두 들어서 즉시 이해가 되고 마음에 와 닿고 독송하기도 좋은 경전들이다. 그리고 다른 어느 경전에서도 결코 만날 수 없는 부처님의 인간적인 면모, 바른 견해, 인격, 사유방식, 수행, 성품 등 정말 만나기 어려운 성자의 모습을 만날 수 있다.

제1편은 예불·예경·의식·예식·기도·독경을 위한 경전 모음이다. 보석처럼 빛나는 귀중한 가르침들을 하나하나 새기면서 독송할 때 저절로 신심이 일어날 것이다. 특히 '자애의 경' '큰 축복의 경' '보배의 경'은 남방불교권에서 예불·예경·의식·예식·기도·독경에서 스님들이 빠알리어로 합송하는 독송에 적합하고 빼어난 경들이다.

제2편은 베풂·공덕을 지음·간병·보시·효도·자비실천의 경전 모음이다. 부처님은 깨달음에 머물지 않고 그 깨달음을 중생의 이익과 행복을 위해 회향하셨다. 그

래서 이런 주제들은 부처님 깨달음의 실천 방향이다. '병든 비구를 씻기시는 부처님' '우둔한 쭐라빤타까 이야기' 등은 부처님의 대자비를 사무치게 느끼게 하는 경들이다.

제3편은 늙음 · 병듦 · 죽음 · 슬픔 · 한탄에 빠진 이들에게 주는 가르침이다. 부처님의 관심은 생 · 로 · 병 · 사 · 슬픔 · 한탄에서 오는 괴로움과 사람들을 그 괴로움에서 해방시켜 평화와 행복을 주는 것이었다. 부처님은 이런 괴로움의 늪에 빠져 헤어나지 못하는 사람들에게 그 벗어나는 길을 가르치신다. 일상에서 병자를 방문하여 마땅히 읽어줄 경전을 고민하게 되는데 이런 경전들은 아주 적합하다.

제4편은 친구 · 우정 · 참된 친구와 거짓 친구 등에 대한 가르침, 특히 젊은 세대 · 군인 · 대학생 · 중 고등학생 · 어린이 · 템플스테이에 참여하는 불교를 잘 모르는 사람들에게 합당한 경을 모았다. 그래서 젊은이들에게 가장 중요한 인간관계인 친구관계를 함께 모았다. 또한 젊은이들의 바른 가치관을 세우는 데 가장 알맞은 부처

님의 바른 견해·바른 생각·바른 말·바른 행동에 대한 가르침을 모았다. '어린 라훌라에게 주신 교훈'을 읽으면 부처님이 얼마나 어린이의 근기에 맞는 가르침을 주셨는지 놀랄 것이다. 이 가르침은 어른이 읽어도 잔잔한 감동이 오는 경전이다.

이렇게 훌륭한 부처님의 가르침이 적재적소에 손쉽게 이용될 수 있기를 기원하며 이 부처님 말씀을 자주자주 독송하고 명상하여 부처님의 가르침을 실천하고, 나와 남의 행복과 평화를 가져오기를 발원해본다.

2017년 10월
역자 일아

머리말 · 6

제1편

예불 · 예경 · 의식 · 예식 · 기도 · 독경을
위한 경전 모음

제2편

베풂·공덕을 지음·간병·보시·효도·
자비실천의 경전 모음

13

제3편

늙음·병듦·죽음·슬픔·한탄에 빠진
이들에게 주는 가르침

3장 _
부처님의 대표적인 교리 모음 · 213

일러두기

1. 각 경전의 가르침은 반드시 ○ ○ ○ 니까야, 또는 율장 몇 장 몇 절에 있는 가르침이라고 명시하여 경전을 찾아볼 수 있도록 하였으며 철저히 사견의 첨가를 배제하였다.

2. 각 경전은 요약이 아니다. 중요한 경전의 전체 또는 일부를 선별하여 따온 것이다. 그러나 제한된 지면상 시작과 끝 부분, 중복, 덜 중요한 부분은 삭제하였다.

3. 빠알리성전협회에서 간행한 로마자본에 각 경전의 절(節) 번호가 없는 것은 비구 보디의 절(節) 번호를 따랐다.

제1편

예불·예경·의식·예식·기도·독경을
위한 경전 모음

귀의 삼보

| 쿳다까 니까야: 쿳다까-빠타 1 |

부처님께 귀의합니다.
가르침에 귀의합니다.
승가에 귀의합니다.

두 번째도 부처님께 귀의합니다.
두 번째도 가르침에 귀의합니다.
두 번째도 승가에 귀의합니다.

세 번째도 부처님께 귀의합니다.
세 번째도 가르침에 귀의합니다.
세 번째도 승가에 귀의합니다.

다섯 가지 계율

| 상윳따 니까야: 12 니다나 상윳따 41 |

1. 나는 살생하지 않는 계율을 지키겠습니다.
2. 나는 도둑질하지 않는 계율을 지키겠습니다.
3. 나는 삿된 음행을 하지 않는 계율을 지키겠습니다.
4. 나는 거짓말하지 않는 계율을 지키겠습니다.
5. 나는 술을 마시지 않는 계율을 지키겠습니다.

열 가지 악을 짓지 않음

| 맛지마 니까야: 41 살레야까 경 |

1. 살생하지 않겠습니다.
2. 도둑질하지 않겠습니다.
3. 삿된 음행을 하지 않겠습니다.
4. 거짓말하지 않겠습니다.
5. 이간질하지 않겠습니다.

6. 악담하지 않겠습니다.

7. 잡담하지 않겠습니다.

8. 탐욕을 버리겠습니다.

9. 성냄을 버리겠습니다.

10. 어리석음을 버리겠습니다.

우리의 귀의처

| 맛지마 니까야: 108 고빠까목갈라나 경 1-10 |

부처님은 없던 길을 만든 분이며, 선포되지 않은 길을 선포한 분입니다.

부처님은 길을 아는 분이며, 새로운 길을 발견한 분이며, 길에 통달한 분입니다.

그런데 지금 제자들은 다만 그 길을 따라서 머물며, 후에 그 길을 얻게 됩니다.

우리는 귀의처가 있습니다. 부처님 가르침이 바로 우리의 귀의처입니다. 우리의 잘잘못을 판단하는 것은 부처님의 가르침입니다.

삼보에 귀의합니다

부처님(佛)께 귀의합니다.

훌륭한 제자는 부처님께 대한 확고한 신뢰심을 갖습니다.

부처님은 아라한이시며, 온전히 깨달으신 분이며, 지혜와 덕행을 갖춘 분이며, 바른 길로 잘 가신 분이며, 세상을 잘 아는 분이며, 견줄 바가 없는 분이며, 사람들을 잘 지도하는 분이며, 신과 인간의 스승이시며, 깨달으신 분이며, 존귀하신 분이십니다.

가르침(法)에 귀의합니다.

훌륭한 제자는 부처님의 가르침에 대한 확고한 신뢰심을 갖습니다.

가르침은 부처님에 의하여 잘 설해져 있고, 지금 현재 직접 볼 수 있는 것이고, 시간을 초월하고, 와서 보라고 할 만한 것이고, 유익한 것이고, 지혜로운 사람들이 실천해온 최고의 가르침입니다.

승가(僧伽)에 귀의합니다.

훌륭한 제자는 승가에 대한 확고한 신뢰심을 갖습니다.

부처님 제자들이 모인 승가는 훌륭한 길을 수행하며, 올바른 길을 수행하며, 진리의 길을 수행하며, 합당한 길을 수행합니다.

부처님 제자들이 모인 승가는 존경받을 만하며, 공양받을 만하며, 공경받을 만하며, 이 세상에서 그 어느 것과도 비교할 수 없는 공덕의 밭입니다.

나는 부처님의 제자입니다

| 맛지마 니까야: 56 우빨리 경 |

어리석음을 벗어버린 지혜로운 분, 마음의 황무지를 버린 분, 승리자, 괴로움에서 벗어났고 치우침이 없으며 계행이 성숙하고 빼어난 지혜를 가지신 분, 욕망의 출렁임을 건너 티끌이 없는 분, 그분이 바로 부처님이고 나

는 그분의 제자입니다.

많은 무리의 지도자, 그 깊이를 헤아릴 수 없는 묵묵한 성자, 안온함을 주는 분, 지혜를 갖춘 분, 진리 위에 서서 안으로 절제하는 분, 집착의 저 너머로 가신 분, 해탈하신 분, 그분이 바로 부처님이고 나는 그분의 제자입니다.

한적한 곳에 사는 티없는 코끼리처럼[1] 속박을 부수고 온전히 해탈한 분, 지혜로 물들어 토론에 막힘이 없고, 교만심을 내려놓고 욕망을 떠나고, 자신을 길들여 희론[2]을 떠난 분, 그분이 바로 부처님이고 나는 그분의 제자입니다.

거룩한 분이며 마음을 닦아 목표를 성취하고 진리를 설하시는 분, 마음챙김과 꿰뚫는 통찰력을 타고 나 앞으로도 뒤로도 기울지 않고 동요함이 없고 통달을 얻으신 분, 그분이 바로 부처님이고 나는 그분의 제자입니다.

바른 길을 가고 선정에 머무는 분, 안으로 번뇌가 다하고 온전히 청정하고 의존하지 않고 두려움이 없으며

••••••••
1) 코끼리는 부처님의 상징이다. 그 외의 상징물로는 연꽃, 보리수, 법륜, 발자국 등이 있다.
2) 희론: 현실적·실제적·사실적이 아닌, 이치에 맞지 않는 모순된 생각으로 인간을 혼란스럽게 만들고 번뇌망상을 일으킨다. 부처님은 희론을 떠난 분이었다. 부처님의 사유 경향을 잘 알 수 있다.

한적한 곳에 살며 최상을 성취한 분, 윤회를 건넜고 우리도 건너도록 인도하시는 분, 그분이 바로 부처님이고 나는 그분의 제자입니다.

무한한 지혜로 최상의 평온에 머무는 분, 탐욕이 전혀 없고, 위대한 지혜의 사람 그는 여래이며, 바른 길로 잘 가신 분, 견줄 자도 없고 동등한 자도 없고, 용맹하고 모든 것에 막힘이 없는 분, 그분이 바로 부처님이고 나는 그분의 제자입니다.

갈애를 끊고 깨달음을 얻으신 분, 의혹의 구름을 걷어내어 티끌 하나 없는 분, 존경받을 만하고 가장 위대한 영혼을 가진 분, 가장 완벽하고 측량을 초월한 분, 가장 훌륭한 최고의 영예를 얻은 분, 그분이 바로 부처님이고 나는 그분의 제자입니다.

중생의 복지와 행복을 위해 오신 분

| 앙굿따라 니까야 1부 13 |

여기에 한 분의 위대한 성자가 있다.

그분이 이 세상에 오신 것은 많은 사람들의 행복과 이익을 위해서이다. 신과 인간의 행복과 복지와 이익을 위하여, 자비심으로 이 세상에 오신 분이다.

그 한 분은 누구인가?

그분은 여래이시며, 아라한이시며, 온전히 깨달으신 분이시다. 이 한 분의 나타나심은 이 세상에서 보기 어려운 일이다.

그 한 분은 누구인가?

그분은 여래이시며, 아라한이시며, 온전히 깨달으신 분이시다. 이 세상에 오신 그 한 분은 비범한 분이시다.

그 한 분은 누구인가?

그분은 여래이시며, 아라한이시며, 온전히 깨달으신 분이시다. 이 한 분의 죽음은 많은 사람들을 슬프게 한다.

그 한 분은 누구인가?

그분은 여래이시며, 아라한이시며, 온전히 깨달으신 분이시다.

이 세상에 오신 한 분이 있다.

그분은 유일하시고, 동등한 자가 없고, 비교할 자가 없고, 경쟁할 자가 없고, 두 발 가진 자 가운데 으뜸이시다.

그 한 분은 누구인가?

그분은 여래이시며, 아라한이시며, 온전히 깨달으신 분이시다.

전법선언

| 상윳따 니까야: 4 마라 상윳따 1:5, 율장 마하왁가 1편 11:1-2 |

어느 때 부처님께서는 바라나시의 이시빠따나의 사슴 동산에 계셨다. 60명의 제자들이 아라한이 되었을 때 부처님께서는 제자들을 모아 놓고 다음과 같이 말씀하셨다.

"비구들이여, 나는 모든 속박에서 벗어났다. 그대들도 또한 모든 속박에서 벗어났다. 중생의 이익을 위하여, 중생의 행복을 위하여 길을 떠나라. 세상에 대한 자비심을 가지고, 존재하는 모든 것에 대한 자비심을 가지고, 신들과 인간의 행복과 이익을 위하여 길을 떠나라.

둘이 함께 같은 길을 가지 마라. 처음도 훌륭하고, 중간도 훌륭하고, 끝도 훌륭하고, 바른 뜻과 문장을 갖춘 가르침을 설하여라. 완전하고도 청정한 수행의 삶을 보여주어라.

세상에는 더러움에 덜 물든 사람들도 있다. 다만 그들은 가르침을 듣지 못하였기 때문에 멀어졌지만, 만일 그들이 가르침을 듣는다면 그것을 곧 알아들을 것이다.

비구들이여, 나도 또한 가르침을 설하기 위하여 우루웰라의 세나니 마을로 가야겠다."

부처님은 누구신가

| 맛지마 니까야: 95 짱끼 경 1-9 |

부처님은 7대를 거슬러 올라가도 양쪽 모두 나무랄 데 없는 깨끗한 왕족 혈통에서 태어났습니다.

부처님은 금고나 저장소에 비축해 둔 많은 금과 은을 버리고 출가하였습니다.

부처님은 젊음의 축복이 주어진 한창 때에 출가하셨는데, 부모님은 눈물을 흘리면서 아들의 출가를 원치 않으셨습니다. 그러나 그는 수염과 머리를 깎고 노란 가사를 입고 출가하였습니다.

부처님은 용모가 빼어나고, 기품이 있고 최상의 안색을 지녔으며, 숭고한 아름다움과 고아한 풍채, 당당한 외모를 지녔습니다.

부처님은 훌륭한 계행을 갖추고, 훌륭한 계행을 지니고, 바람직한 계행을 지닙니다.

부처님은 훌륭한 설법가입니다. 그는 예의바르고, 분명하고, 결함이 없으며, 의미 있는 말씀을 합니다.

부처님은 많은 사람들의 스승의 스승입니다.

부처님은 모든 감각적 쾌락에서 떠났으며 허영심이 없습니다.

부처님은 업에 대하여 가르치고 업의 과보에 대하여 가르칩니다.

부처님은 뛰어난 귀족 계급인 왕족 가문에서 출가하였습니다.

부처님은 막대한 부와 재물이 있는 매우 부유한 가정에서 출가하였습니다.

부처님의 가르침을 듣기 위하여 사람들은 먼 왕국과 먼 고장에서 찾아옵니다.

부처님에 대한 이와 같은 좋은 평판이 널리 퍼져 있습니다.

사문 고따마는 '아라한이시며, 온전히 깨달으신 분, 지혜와 덕행을 갖추신 분, 바른 길로 잘 가신 분, 세상을 잘 아는 분, 견줄 바가 없는 분, 사람을 잘 지도하는 분, 신과 인간의 스승, 깨달으신 분, 존귀하신 분'이라고 합니다.

부처님은 훌륭한 사람의 특징인 서른두 가지 상호를 갖추고 있습니다.

부처님에게 마가다국의 세니야 빔비사라왕과 왕비와 그 자녀들, 꼬살라국의 빠세나디왕과 왕비와 그 자녀들, 브라흐민 뽁카라사띠와 그의 아내와 자녀들이 일생 동안 귀의하였습니다.

[지금까지 말한] 이 범위는 내가 알고 있는 부처님의 훌륭함입니다. 그러나 이것으로 제한된 것이 아니고 그분의 훌륭함은 측량할 길이 없습니다.

자애의 경 [3]

| 숫따니빠따 1편 8 멧따 수따 143-152 |

남을 이롭게 하는 사람, 선행에 숙달된 사람으로서 평
온의 경지를 얻고자 하는 사람은 유능하고, 정직하고,
성품이 고결하고, 말씨가 상냥하고, 친절하고, 겸손하기
를! (143)

만족할 줄 알아서 남이 도와 주기 쉽고, 분주하지 않
고 간소하게 살며, 감관을 고요히 하며, 슬기롭고, 건방
지지 않으며, 탐욕에 집착하지 않기를! (144)

지혜로운 사람이 책망할 만한 작은 잘못이라도 하지
않기를!

존재하는 모든 것들은 행복하기를!

존재하는 모든 것들은 평안하기를! (145)

어떤 살아 있는 존재이거나 막론하고 그들이 약하거
나 강하거나, 길거나 크거나, 중간이거나 짧거나, 미세

• • • • • • • •

3) 자애의 경(Mettasutta): 상좌불교권에서 예불 · 축복 · 합송 · 예식 등에
중요한 경이다.

하거나 거칠거나, (146) 눈에 보이거나 보이지 않거나, 가깝거나 멀거나, 태어났거나 태어날 것이거나 이 모든 존재하는 것들은 행복하기를! (147)

서로 속이지 않으며, 어디서나 어느 누구도 멸시하지 않으며, 성냄이나 악의로써 다른 사람을 괴롭히지 않기를! (148)

마치 어머니가 외아들을 목숨을 다해 보호하듯이, 존재하는 모든 것들에게 한량없는 자비의 마음을 기르기를! (149)

어떤 걸림도 없이, 어떤 미움도 없이, 어떤 증오도 없이, 한량없는 자애의 마음이 위로, 아래로, 옆으로, 온 천지 사방에 가득하기를! (150)

서 있을 때에도, 걸을 때에도, 앉아있을 때에도, 누워 있을 때에도, 정신이 깨어 있는 한 이와 같은 마음챙김을 닦기를! 이와 같은 삶은 가장 훌륭한 삶이기 때문입니다. (151)

그릇된 견해에 빠지지 말고 계행을 지키고 통찰력을 갖추어 감각적 욕망의 집착을 버림으로써 다시는 윤회하지 않게 됩니다. (152)

큰 축복의 경[4]

| 숫따니빠따 2편 4: 마하망갈라 수따 258-269 |

"많은 신과 인간들은 모두 행복을 바라면서 축복에 대하여 생각을 하고 있습니다. 무엇이 으뜸가는 축복인지 말씀해 주십시오."(258)

이에 부처님은 말씀하셨다.

"어리석은 사람과 가까이 하지 않으며, 지혜로운 사람과 가까이 하며, 공경할 만한 사람을 공경하는 것, 이것이 으뜸가는 축복이다. (259)

적합한 환경에서 살고, 지난 날 공덕을 쌓아서, 스스로 바른 서원을 세우니, 이것이 으뜸가는 축복이다. (260)

널리 많이 배우고 기술을 익히고, 높은 수련과 수행을 쌓아, 말솜씨가 뛰어나니, 이것이 으뜸가는 축복이다. (261)

부모를 봉양하고 아내와 자식을 돌보고, 하는 일이 혼

----

4) 마하망갈라 경(Mahāmaṅgala sutta): 이 경도 상좌불교권에서 예불·축복·예식·합송 등에 중요한 경전이다.

란함이 없으니, 이것이 으뜸가는 축복이다. (262)

너그럽게 베풀고 바르게 살고 친구와 친척을 돕고 비난받지 않는 행동을 하니, 이것이 으뜸가는 축복이다. (263)

악행을 버리고 술을 삼가고, 부지런히 가르침을 행하니, 이것이 으뜸가는 축복이다. (264)

존경하고, 겸손하고, 만족하고, 감사하며, 때맞추어 가르침을 듣는 것, 이것이 으뜸가는 축복이다. (265)

인내심이 있고 순응하고 공손하며, 때맞추어 수행자를 만나서 가르침을 논의하니, 이것이 으뜸가는 축복이다. (266)

자신을 절제하고, 청정한 삶을 살며 거룩한 진리를 깨닫고, 열반을 성취하는 것, 이것이 으뜸가는 축복이다. (267)

세상일에 부딪쳐도 마음이 흔들리지 않고, 슬픔이 없고 티가 없이 평온하니, 이것이 으뜸가는 축복이다. (268)

이와 같은 삶을 사는 사람에게는 어디에서나 실패하는 일 없이 행복을 얻게 되니, 이것이 으뜸가는 축복이다." (269)

보배의 경[5]
-모든 존재들에게 평안이 있기를-

| 숫따니빠따 2편 1: 222-238 |

여기 모여든 모든 존재들은 땅에 있는 것이나 하늘에 있는 것이나 모든 존재들은 다 행복하라. 그리고 내가 하는 이 말을 잘 새겨들어라. (222)

모든 존재들이여 귀를 기울이라. 밤낮으로 그대들에게 제물을 올리는 인간들에게 자애를 베풀어 그들을 성심껏 보호하라. (223)

어떤 종류의 보배라 할지라도 이 세상 것이든 천상의 것이든 여래와 견줄만한 것은 아무것도 없다. 이 소중한 보배는 부처님 안에 있다. 이런 진리에 의해 평안이 있기를! (224)

●●●●●●●●

5) 보배의 경: 이 경은 악귀들을 쫓아내고 인간을 해로움에서 보호하고 지켜주기를 기원한다. 불·법·승, 삼보의 진리 안에서 모두 행복하기를 기원한다. 상좌불교국에서 예식에 많이 쓰이는 중요한 경전.

사까족의 성자는 선정 삼매를 통하여 욕망의 소멸을 깨달았고 죽음이 없는[6] 온전한 평화를 깨달았다. 이것과 견줄만한 것은 아무것도 없다. 이 소중한 보배는 가르침 안에 있다. 이런 진리에 의해 평안이 있기를! (225)

견줄 바 없는 부처님은 즉각적인 결과를 가져오는 순수한 선정 삼매를 찬탄하셨다. 이 선정 삼매와 견줄만한 것은 아무것도 없다. 이 소중한 보배는 가르침 안에 있다. 이런 진리에 의해 평안이 있기를! (226)

선한 사람들이 칭찬하는 열반에 이르는 여덟 가지 단계의 수행자가 있다.[7] 그들은 부처님의 제자들로서 공양받을 만하며 그들에게 공양하는 것은 무엇이든지 많은 복덕을 가져온다. 이 소중한 보배는 승가 안에 있다. 이런 진리에 의해 평안이 있기를! (227)

욕망에서 벗어난 사람들은 굳건한 마음으로 고따마의 가르침에 머물게 된다. 이들은 목표를 이루고 죽음이 없

••••••••
6) '죽음이 없는'의 뜻은 윤회에서 벗어나 다시 태어나지 않기 때문에 또다시 죽을 일이 없음을 뜻함.
7) 예류과, 일래과, 불환과, 아라한과의 넷과 각각의 경지로 나아가고 있는 사람 넷.

는 경지에 이르러 평화를 즐긴다. 이 소중한 보배는 승가 안에 있다. 이런 진리에 의해 평안이 있기를! (228)

마치 단단한 기둥이 사방에서 부는 바람에도 흔들리지 않듯이, 부처님의 거룩한 진리를 사무치게 보는 사람은 이와 같이 흔들림이 없다. 이 소중한 보배는 승가 안에 있다. 이런 진리에 의해 평안이 있기를! (229)

여름의 첫 더위에 숲의 나뭇가지마다 꽃을 피워내듯이 열반으로 인도하는 부처님의 숭고한 가르침은 가장 높은 목표를 향한 가르침이다. 이 소중한 보배는 부처님 안에 있다. 이런 진리에 의해 평안이 있기를! (233)

그분은 가장 훌륭한 분이며, 가장 훌륭한 것을 아시며, 가장 훌륭한 것을 주신다. 그분은 가장 훌륭한 가르침을 주셨다. 이 소중한 보배는 부처님 안에 있다. 이런 진리에 의해 평안이 있기를! (234)

묵은 업은 소멸되고 새로운 업은 짓지 않았으며 미래의 존재에 집착하지 않는다. 존재의 씨앗은 부서졌고 윤회를 원치 않으니, 지혜로운 이는 꺼진 등불처럼 열반에 든다. 이 소중한 보배는 승가 안에 있다. 이런 진리에 의해 평안이 있기를! (235)

여기 모여든 모든 존재들은 땅에 있는 것이나 하늘에 있는 것이나 우리 모두 부처님께 예경을 드리자. 우리 모두 가르침에 예경을 드리자. 우리 모두 승가에 예경을 드리자. 여래는 모든 신과 인간의 존경을 받으시는 분이다. 모든 존재들에게 평안이 있기를! (236-238)

존재하는 모든 것들에게
자애롭게 대하기를

| 앙굿따라 니까야 4부 67 |

발 없는 것들에게 자애롭게 대하기를
두 발 가진 것들에게 자애롭게 대하기를
네 발 가진 것들에게 자애롭게 대하기를
많은 발 가진 것들에게 자애롭게 대하기를.

발 없는 것들이 나를 해치지 않기를
두 발 가진 것들이 나를 해치지 않기를
네 발 가진 것들이 나를 해치지 않기를

많은 발 가진 것들이 나를 해치지 않기를.

존재하는 모든 것은 행운을 얻기를
존재하는 모든 것은 해침을 받지 않기를
붓다, 담마, 승가는 무한하다.
다른 모든 생류는 유한하다.

나는 잘 지켜지고 보호되어 있으니
존재하는 모든 해로운 것들은 나에게서 떠나기를
나는 부처님께 귀의합니다.
온전히 깨달으신 일곱 분[8]께 귀의합니다.

----

8) 부처님의 전생의 부처님들인 과거칠불을 말함.

재가신도가 되는 길

| 상윳따 니까야: 55 소따빳띠 상윳따 37 |

"부처님, 재가신도가 되려면 어떻게 해야 합니까?" [9]

"붓다(Buddha: 부처님), 담마(Dhamma: 가르침), 상가(Saṅgha: 승가)에 귀의하면 재가신도가 된다."

"재가신도는 어떤 계행을 갖추어야 합니까?"

"생명을 죽이지 않으며, 주지 않는 것을 훔치지 않으며, 삿된 음행을 하지 않으며, 거짓말을 하지 않으며, 술을 마시지 않는다. 이렇게 재가신도는 계행을 갖춘다."

"재가신도는 어떻게 해야 믿음을 성취하는 것입니까?"

"재가신도는 여래의 깨달음에 대하여 믿음을 갖는다. 부처님은 '아라한이시며, 온전히 깨달으신 분, 지혜와 덕행을 갖춘 분, 바른 길로 잘 가신 분, 세상을 잘 아는 분, 견줄 바가 없는 분, 사람을 잘 지도하는 분, 신과 인

• • • • • • • • •
9) 재가신도가 되려면 삼보에 귀의하고 오계를 지켜야 함을 가르치심. 삼보(부처님 · 가르침 · 승가)는 불교를 이루는 가장 중요한 요소이다.

간의 스승, 깨달으신 분, 존귀하신 분'이시다. 이와 같이 재가신도는 믿음을 성취한다."

"재가신도는 어떻게 해야 보시를 성취하는 것입니까?"

"재가신도는 집에 살면서 인색함의 때가 없는 마음으로 걸림 없이 너그럽게 베풀며, 손이 커서 아낌없이 베풀며, 남에게 주는 것에 기쁨을 느끼며, 남을 위해 자선을 베풀며, 보시와 나누는 것을 기뻐한다. 이와 같이 재가신도는 보시를 성취한다."

"재가신도는 어떻게 해야 지혜를 성취하는 것입니까?"

"여기 지혜로운 재가신도가 있다. 그는 생성과 소멸에 대한 지혜가 있다.[10] 그런데 그 지혜는 거룩하고 꿰뚫어 보는 지혜이며 괴로움의 완전한 소멸로 이끄는 지혜이다. 이와 같이 재가신도는 지혜를 성취한다."

•••••••••

10) '생성'이란 인연 따라 생기는 모든 현상이며, '소멸'이란 인연 따라 사라지는 모든 현상을 말한다. 모든 현상은 저절로 생기는 것이 아니며, 저절로 사라지는 것도 아니며, 인연에 따라 존재하고 사라진다. 이것이 부처님이 깨달은 연기의 도리이다.

두려울 때 불·법·승 삼보를 생각하라

| 상윳따 니까야: 11 삭까 상윳따 1:3 |

"두려움, 전율, 공포가 일어날 때는 이와 같이 나를 생각하라.

부처님은[11] '아라한(阿羅漢)[12]이시며, 온전히 깨달으신 분(正遍智)이며, 지혜와 덕행을 갖춘 분(明行足)이며, 바른 길로 잘 가신 분(善逝)이며, 세상을 잘 아는 분(世間解)이며, 견줄 바가 없는 분(無上士)이며, 사람을 잘 지도하는 분(調御丈夫)이며, 신과 인간의 스승(天人師)이며, 깨달으신 분(佛: 붓다)이며, 존귀하신 분(世尊)이시다' 라고 외우면 두려움, 전율, 공포가 사라질 것이다.

• • • • • • • • •

11) 부처님의 훌륭하심을 찬탄하는 호칭에 열 가지가 있다. 붓다(Buddha): 불(佛), 또는 부처님으로 번역됨. '붓다'의 뜻은 '깨달은 사람', '진리에 대한 지혜에 의하여 신과 인간과 모든 존재 가운데서 가장 으뜸인 사람'을 말한다. 부처님은 29세에 출가 수행하여 35세에 깨달음을 이루고 80세에 열반하셨다.

12) 아라한(Arahant): 열반을 성취한 사람, 번뇌를 완전히 소멸한 사람, 생사윤회를 끊은 사람, 공경받을 만한 사람을 말함.

그러나 만일 나를 생각할 수 없다면 그때는 이와 같이 나의 가르침을 생각하라.

'가르침은 부처님에 의하여 잘 설해져 있다. 그것은 지금 현재, 직접 볼 수 있는 것이고, 시간을 초월하며, 와서 보라고 할 만한 것이고, 유익한 것이고, 지혜로운 이들에 의해 체득된 것이다'라고 외우면 두려움, 전율, 공포가 사라질 것이다.

그러나 만일 나의 가르침을 생각할 수 없다면 그때는 이와 같이 승가를 생각하라.

'부처님 제자들이 모인 승가는 훌륭한 길을 수행하며, 정직한 길을 수행하며, 진리의 길을 수행하며, 합당한 길을 수행한다. 이런 부처님 제자들의 승가는 공양받을 만하며, 공경받을 만하며, 이 세상에서 그 어느 것과도 비교할 수 없는 공덕의 복밭이다'라고 외우면 두려움, 전율, 공포가 사라질 것이다.

그 이유는 무엇인가? 왜냐하면 아라한이시며, 온전하게 깨달으신 부처님은 탐욕과, 성냄과, 어리석음에서 완전히 떠났으며, 두려움이 없고 공포에 떨지 않고 겁이 없기 때문이다.

이와 같이 부처님, 가르침, 승가를 떠올리고 외우면 두려움, 전율, 공포가 사라질 것이다."

가르침을 귀의처로 하라

| 상윳따 니까야: 47 사띠빳타나 상윳따 9 |

자신을 섬[13]으로 하고, 자신을 귀의처로 하고, 다른 것을 귀의처로 삼지 말라.

가르침을 섬으로 하고, 가르침을 귀의처로 하고, 다른 것을 귀의처로 삼지 말라.

• • • • • • • • •

13) 섬: 빠알리어로는 dīpa(디빠)라고 한다. '디빠'라는 말은 두 가지 뜻이 있다. (1) 등불 (2) 섬, 피난처, 귀의처, 휴식처이다. 부처님은 두 번째 의미로 쓰셨다. 디가 니까야 주석서에 "너 자신을 섬으로 삼으라. 큰 바다에 떠 있는 섬을 피난처로 하여"라는 말이 나온다. 윤회는 보통 바다에 비유된다. 고해의 바다, 바다에서 안전한 곳은 땅인 섬이다. 산스끄리뜨어로 dīpa는 등불, dvīpa는 섬의 뜻, 아함경은 산스끄리뜨의 번역이다. 등불이 아닌 섬이라야 맞다.

자기 자신은 자기의 주인

| 담마빠다 |

자기 자신은 진정 자기의 주인이다.
어떤 주인이 따로 있겠는가
자기 자신을 잘 다루는 사람은
얻기 어려운 의지처를 얻는다. (160)

일곱 가지 서원

| 상윳따 니까야: 11 삭까 상윳따 2:1 |

일곱 가지 서원이 있다.
1. 살아 있는 한 부모님을 봉양하리라.
2. 살아 있는 한 웃어른을 존경하리라.
3. 살아 있는 한 부드럽고 공손하게 말하리라.
4. 살아 있는 한 불화를 일으키는 말을 하지 않으리라.
5. 살아 있는 한 인색하지 않고 관대하게 베풀고, 주

는 것을 기뻐하고 자선을 하고, 보시하고 나누는 것을 기뻐하는 삶을 살리라.

6. 살아 있는 한 진실을 말하리라.

7. 살아 있는 한 성내지 않으며 만일 화가 나면 즉시 화나는 마음을 제거하리라.

피안에 이르신 분, 붓다

| 숫따니빠따 5편 16: 1131-1145 |

훌륭한 성자 삥기야는 브라흐민 바와리에게 가서 자신이 부처님을 뵙고 보고 들은 대로 부처님에 대하여 이렇게 말하였다.

"그대에게 '피안에 이르는 길'을 말하겠습니다. 티없고 지혜롭고 모든 집착을 초월한 그분은 자신이 깨달은 것을 그대로 우리들에게 말씀하셨습니다. 큰 지혜와 온전한 청정함과 욕망을 떠난 분이 어떻게 헛된 말씀을 하겠습니까? 티끌을 여의고 교만함과 위선을 버린 분의 아름다운 말씀을 저는 찬탄하겠습니다. (1131, 1132)

사람들은 그분을 붓다, 깨달은 분, 어둠을 물리친 분, 통찰력을 갖춘 분, 세상을 아는 분, 윤회의 저 너머로 가신 분, 번뇌가 없는 분, 괴로움을 온전히 극복하신 분이라고 부릅니다. 내가 따르는 분이 바로 이 분입니다. 나는 이분을 가까이 모셨습니다. (1133)

마치 새들이 작은 덤불숲을 떠나 열매가 많은 큰 숲 속으로 날아가듯이, 나도 또한 생각이 모자라는 사람들을 떠나 마치 백조처럼 큰 호수에 이르렀습니다. (1134)

내가 고따마 존자님의 가르침을 듣기 전까지는 사람들이 항상 말하기를, '예전에는 이러했고 앞으로는 이럴 것이다.' 라고 하는데 이런 말들은 전통적으로 내려오는 상투적인 말뿐이었습니다. 이것들은 내 생각의 혼란을 가져올 뿐이었습니다. (1135)

고따마는 어둠을 떨쳐내고 빛을 비추십니다. 고따마는 큰 지혜를 갖춘 분이며 세상의 모든 것을 꿰뚫어 보는 분입니다.

그분의 가르침은 지금 여기서 즉시 알 수 있고 시간을 초월하고 어떤 해로움 없이 온전히 갈애를 부수게 합니다. 그분의 가르침과 비교할 만한 것은 아무것도 없습니

다." (1136, 1137)

브라흐민 바와리가 말하였다.

"삥기야여, 그렇다면 왜 그렇게 큰 지혜를 가지신 분, 세상을 아는 분과 매 순간 매 시간 함께 있지 않습니까?"

"브라흐민이여, 큰 지혜를 가지신 분, 세상을 아는 분과 나는 한 순간이라도 떨어져 있지 않습니다. (1138, 1140)

나는 항상 부지런히 밤이고 낮이고 그분을 볼 수 있는 마음의 눈이 있습니다.

그분을 예배하면서 밤을 보냅니다. 한 순간도 그분을 떠나 살고 있는 것이 아닙니다. (1142)

믿음, 환희, 깨어 있는 마음은 고따마의 가르침에서 떠나지 않습니다.

큰 지혜를 가진 분이 어디로 가시든 내 마음은 그리로 향해 있습니다. (1143)

나는 늙어 기력도 없어 갈 수 없습니다.

그러나 내 마음이 완전히 가 있는 그분께 내 마음은 그분과 일치되어 있습니다. (1144)

나는 삶의 진흙탕에서 여기저기 떠돌았습니다.

그때 나는 온전히 깨달으신 분 번뇌를 맑히고 온전히

깨달은 분을 만났습니다."(1145)

빼어난 용모의 부처님

| 맛지마 니까야: 92 셀라 경 |

브라흐민 셀라는 이렇게 부처님을 찬탄하였다.

셀라:

팔등신의 완벽한 풍채 보기에 매우 아름답네

오! 부처님, 몸은 금빛이고 강건한 힘이 있네.

훌륭한 태생의 사람에 있는 특성

모든 모습 당신 속에 다 있네.

맑은 눈, 보름달처럼 수려한 얼굴

훤칠하고 위엄이 있어 사문 중에 태양처럼 빛나네.

황금빛 피부의 사문, 보기에 매우 아름답네.

이렇게 빼어난 용모 보기 드문데

어찌하여 사문의 삶에 만족하십니까?

전륜성왕이 어울립니다.

온 세계의 승리자가 되십시오.

귀족과 부유한 왕들은 당신께 충성과 헌신을 할 것입니다. 오! 고따마시여, 왕 중의 왕, 인간의 군주로서 통치하십시오.

붓다:

셀라여, 나는 이미 왕이네. 담마의 최상의 왕이네.

나는 담마의 바퀴를 굴리네. 그 바퀴는 아무도 멈출 수 없네.

셀라:

오! 고따마시여,

당신은 '온전히 깨달았다.'고 선언합니다.

'나는 담마의 최상의 왕이다. 나는 담마의 바퀴를 굴린다'고 당신은 말씀하십니다.

붓다:

나는 알아야 할 것을 곧바로 알았고,

닦아야 할 것을 이미 닦았으며

버려야 할 것을 이미 버렸소.

그러므로 브라흐민이여, 나는 깨달은 자, 붓다입니다.

셀라:

여러분, 이것을 들어라! 그분의 말씀에 귀 기울이라!

통찰력을 갖춘 분, 숲 속에서 사자처럼 포효하는 위대한 영웅.

원하는 자는 나를 따르라. 원하지 않는 자는 떠나라

나는 드높은 지혜를 가진 분께 출가하겠다.

셀라의 제자들:

온전히 깨달은 분의 가르침을 당신께서 따르신다면

드높은 지혜를 가진 분께 저희들도 출가하겠습니다.

셀라:

여기 300명의 브라흐민은 합장하고 청원합니다.

저희들은 부처님 아래서 청정한 삶을 살기 원합니다.

붓다:
셀라여, 청정한 삶은 잘 설해져 있습니다.
그것은 지금 보이는 것이며 시간을 초월합니다.
부지런히 정진하는 사람은 출가의 좋은 결실을 발견
할 것입니다.

셀라와 그 제자들:
통찰력이 있으신 분이여, 당신께 귀의한 지 8일이 지
났습니다.
그 동안에 부처님, 당신의 가르침에 길들여졌습니다.

당신은 부처님이십니다.
당신은 스승이십니다.
당신은 성인이십니다.

마라를 정복하고 모든 악한 성향을 끊어버리고,
고해를 건너고 저희들도 건너도록 인도하십니다.

모든 집착을 물리치고 모든 번뇌를 제거하셨습니다.

당신은 집착에서 벗어난 사자이며 두려움과 공포가 없습니다.

여기 300명의 비구들이 합장하고 서 있습니다.

오! 성자시여, 발을 내십시오.

이들이 스승의 발 앞에 절하려 합니다.

완전한 경지에 이른 사람

| 숫따니빠따 4편 10: 848-857 |

"어떻게 [사물을] 보고 어떻게 행동을 하면 '성자'라고 불립니까? 고따마 존자님께 청하오니 완전한 경지에 이른 사람에 대하여 말씀하여 주십시오." (848)

부처님은 말씀하셨다.

"죽음이 오기 전에 모든 것을 쉬어 고요하고 갈애를 소멸한 사람은 과거에도 집착하지 않고, 미래에 어떻게 될 것인지도 걱정하지 않고, 현재에도 집착하지 않는다.

이와 같은 사람은 좋고 싫음을 떠났다. (849)

그는 성내지 않고, 두려움이 없고, 교만하지 않고, 한탄하지 않는다. 그는 말을 절제한다. (850)

그는 오지 않은 미래를 열망하지 않고, 지나간 과거를 슬퍼하지 않는다. 어떤 견해나 사상에 좌우되지 않고, 감각적 느낌에 묶여 있는 세상에서 멀리 떠나 있다. (851)

그는 모든 것에 초연하고, 속이지 않고, 인색하지 않고, 탐욕스럽지 않고, 오만하지 않고, 불쾌감을 주지 않고, 불화를 일으키는 말을 하지 않는다. (852)

그는 쾌락에 빠지지 않고, 교만하지 않고, 온화하고, 총명하고, 맹목적으로 무조건 믿지 않고, 어떤 것에도 싫어함을 보이지 않는다. (853)

그는 이익을 바라고 일하지 않기 때문에 얻은 것이 없더라도 평정을 잃지 않는다. 갈애로 인하여 방해받지 않으며 맛있는 음식의 유혹에 빠지지 않는다. (854)

그는 마음챙김으로 항상 평정의 마음을 유지한다. 자기가 남보다 잘났다거나 못났다거나 동등하다거나 하는 비교를 하지 않는다. 그에게는 교만의 부풀음이 없다. (855)

진리를 깨달은 사람은 어떤 것에도 의존하지 않는다. 그가 의존할 것은 아무것도 없다. 그에게는 존재에 대한 갈애도 비존재에 대한 갈애도 더 이상 없다. (856)

나는 그를 '평화의 성자'라고 부르겠다. 그는 감각적 욕망에서 이미 떠났다. 그를 얽어매는 것은 아무것도 없으며 그는 집착을 뛰어 넘었다." (857)

수행하는 마음

| 담마빠다 |

수행하지 않은 마음에는 욕망이 스며든다.
잘 이은 지붕에는 비가 새지 않듯이
수행이 잘 된 마음에는 욕망이 스며들지 않는다. (13, 14)

얼굴빛이 평온한 이유

| 상윳따 니까야: 1 데와따 상윳따 1:10 |

하늘신[14]이 부처님 앞에서 이런 게송을 읊었다.

"깊은 숲 속에 사는 평화롭고 청정한 수행자는 하루 한 끼만 먹는데도 어떻게 얼굴빛이 그렇게 평온합니까?"

부처님은 말씀하셨다.

"지나간 과거를 슬퍼하지 않고, 오지 않은 미래를 열망하지 않고, 현재에 충실하기 때문에 얼굴빛은 그렇게 평온하다네.

오지 않은 미래를 열망하고 지나간 과거를 슬퍼하는 어리석은 사람들은 낫에 잘린 푸른 갈대처럼 그렇게 시든다네."

●●●●●●●●●
14) 부처님의 사상과 가르침을 표현하기 위한 한 방법으로 하늘신, 하늘아들을 등장시키고 있다.

걸림 없는 자유

| 숫따니빠따 1편 3 |

소리에 놀라지 않는 사자처럼
그물에 걸리지 않는 바람처럼
더러운 물에 물들지 않는 연꽃처럼
외뿔소의 뿔처럼 혼자서 가라. (71)

욕하는 사람에게 욕하는 사람은

| 상윳따 니까야: 7 브라흐마나 상윳따 1:2 |

브라흐민 악꼬사까 바라드와자는, 바라드와자 가문의
브라흐민이 부처님께 출가했다는 소문을 듣고 화가 나
고 불쾌하여 부처님을 찾아가 거칠고 상스러운 말투로
욕설을 퍼부었다. 부처님은 그의 말을 다 듣고 난 후 말
씀하셨다.

"브라흐민이여, 그대의 친구나 동료나 친척이나 손님

59

들이 당신을 방문하러 옵니까?"

"가끔 그들이 방문하러 옵니다."

"그러면 당신은 그들에게 다과나 음식을 대접합니까?"

"어떤 때는 대접합니다."

"만일 그들이 그 음식을 받지 않는다면 그 음식은 누구의 것이 됩니까?"

"그들이 음식을 받지 않으면 그것은 나의 것이 됩니다."

"그와 마찬가지로 브라흐민이여, 그대는 욕하지 않는 나를 욕하고 꾸짖지 않는 나를 꾸짖고 악담하지 않는 나에게 악담을 하였소. 이 욕설들을 나는 받지 않겠소. 그러니 그것은 모두 당신 것이오! 브라흐민. 욕하는 사람에게 욕하고 꾸짖는 사람에게 꾸짖고, 악담하는 사람에게 악담하는 사람은 마치 음식을 서로 나누어 먹고 서로 주고받는 것과 같소. 나는 당신의 음식을 함께 먹지 않으며 주고받지도 않소. 그러니 브라흐민이여, 그것은 모두 당신의 것이요."

"왕과 그의 신하들은 사문 고따마가 아라한이라고 믿

고 있습니다. 그런데 아직 고따마 존자님은 화내는 것이
아닙니까?"

이에 부처님은 게송으로 말씀하셨다.

성냄이 없는 사람, 바른 삶으로 잘 길들여진 사람
조화롭게 사는 사람, 바른 지혜로 해탈한 사람,
평온 속에 머무는 사람에게
어디에서 성냄이 일어나리요.

성내는 사람에게 같이 성내는 사람은
사태를 더욱 나쁘게 만들 뿐이요.
성내는 사람에게 같이 성내지 않는 사람은
이기기 어려운 전쟁에서 이기는 사람이요.

'상대방이 화를 내고 있다'고 알아챌 때
그는 마음집중으로 평안 속에 머뭅니다.
그는 자기 자신과 남을 위하여
그리고 양쪽 쌍방의 이익을 위하여 수행합니다.

자신을 정복하는 사람이 승리자이다

| 담마빠다 |

숙련된 마부가 달리는 마차를 고삐로 제어하듯, 성내는 마음을 자제할 줄 아는 사람을 나는 진짜 마부라고 부른다. 다른 사람은 다만 고삐만 잡고 있다. (222)

전쟁터에서 코끼리가 화살을 맞고도 견디는 것처럼, 나도 온갖 욕설을 견디리라. 욕설을 참아내는 데 잘 단련된 사람은, 사람 가운데 으뜸이다. (320, 321)

비록 전쟁터에서 백만대군을 정복한다 해도, 그러나 자신을 정복하는 사람이야말로 가장 훌륭한 승리자이다. (103)

태어날 때 입안에 도끼가 생긴다

| 상윳따 니까야: 6 브라흐마 상윳따 1:10 |

사람이 태어날 때 입안에 도끼가 생긴다.

어리석은 사람은 나쁜 말을 하여 그것으로 자기 자신을 찍는다.

비난할 것은 칭찬하고 칭찬할 것은 비난하니, 입으로 불운을 만들어 행복을 얻지 못한다.

바른 길을 간 훌륭한 이에게 증오를 품는다면 그 불운은 무엇보다 큰 것이다.

원한은 원한으로 해결되지 않는다

| 담마빠다 |

그는 나를 욕하고 때렸다.
그는 나를 이기고 내 것을 빼앗았다.
이런 생각을 품는 사람에게
원한은 사라지지 않는다. (3)

그는 나를 욕하고 때렸다.
그는 나를 이기고 내 것을 빼앗았다.
이런 생각을 품지 않을 때

마침내 원한은 사라진다. (4)

원한을 원한으로 갚을 때
원한은 결코 사라지지 않는다.
원한은 자애에 의해서만 사라진다.
이것은 영원한 진리이다. (5)

잘 수련된 조화로운 사람은
땅처럼 확고하며 남을 원망하지 않는다.
그는 인드라의 기둥처럼 견고하고
흙탕 없는 호수처럼 맑고 깨끗하다. (95)

담마¹⁵⁾에 대한 신앙고백

| 맛지마 니까야: 89 담마쩨띠야 경 |

꼬살라의 빠세나디왕은 여기저기 거닐다가 조용하고
인적이 드물고 인가에서 떨어져 있고 홀로 명상하기에
좋은 나무 밑을 발견하였다. 그 장소를 보니 부처님 생각이 간절하였다. '이곳은 온전히 깨달으신 부처님께 존경의 예를 드리던 곳과 같구나.' 라고 생각하였다.

대왕은 디가 까라야나에게 물었다.

"부처님은 지금 어디에 계시는가?"

"대왕님, 부처님은 지금 사꺄국 메달룸빠 마을에 계십니다."

"낭가라까에서 메달룸빠까지는 얼마나 먼가?"

"멀지 않습니다. 대왕님. 3요자나 거리입니다.[16) 그곳까지 가는데 아직 충분히 해가 남아 있습니다."

빠세나디왕이 부처님이 계신 숲에 도착하였을 때 그곳에는 많은 비구들이 밖에서 경행[걷는 명상]을 하고 있었다. 왕은 조용히 부처님 처소로 가서 문을 두드렸다. 왕은 부처님 발에 머리를 대어 인사를 드리고 발에 입을 맞추고 발을 어루만지면서, '존자님, 빠세나디왕입니다.' 라고 말하였다. 이에 부처님은 그의 신심을 보

• • • • • • • •

15) 담마(Dhamma): 좁은 의미로 '부처님의 가르침' 이라고 할 수 있으나, 부처님 이전의 최초의 담마의 뜻은 종교적인 가르침 그 이상의 것이다. 담마는 진실, 진리, 계행, 해탈, 정의, 현실성의 개념이 통합되어 나타난다. 부처님은 이런 진리를 자신의 표준으로 삼고 수행의 안내로 삼았다.

16) 3요자나는 약 32km의 거리이다.

고 이와 같이 물으셨다.

"대왕님, 나에게 그렇게 친애를 보이시고 최상의 존경을 표시하는 이유는 무엇입니까?"

"존자님, 저는 부처님과 담마에 따라서 이와 같이 추론합니다. '부처님은 온전히 깨달으신 분이고 담마는 부처님에 의하여 잘 설해져 있고 부처님의 제자들의 승가는 훌륭한 길을 수행하고 있다.'고 생각합니다.

여기 비구들이 일생 동안 완전한 청정한 삶을 사는 것을 봅니다. 정말로 나는 다른 곳에서는 이렇게 온전히 청정한 승가를 보지 못하였습니다.

여기 비구들은 우호적이고 화목하고 논쟁 없이 물과 우유처럼 융합하며 서로 친절한 눈빛으로 대하는 것을 봅니다. 저는 다른 곳에서는 이와 같이 화목한 집단을 보지 못하였습니다.

여기 비구들은 미소 짓고, 쾌활하고, 진정으로 기뻐하고, 검소한 것을 기뻐하며, 평안하고, 산란하지 않고, 야생의 사슴처럼 [자유롭게] 사는 것을 봅니다.

부처님이 수백 명의 대중에게 설법하실 때는 기침 소리 하나 나지 않습니다. 이것은 정말 놀라운 일입니다.

어떻게 칼이나 몽둥이를 사용하지 않고도 집단이 이렇게 잘 수련될 수 있는지 경이롭습니다. 나는 이렇게 잘 수련된 집단을 어디에서도 본 적이 없습니다.

부처님, 저에게는 이시닷따와 뿌라나라는 두 명의 검열관이 있습니다. 그들은 나의 음식을 먹고 나의 마차를 사용하고 나로 인해 생계를 유지하고 명성을 얻습니다. 그럼에도 불구하고 그들은 나보다는 부처님을 더 존경합니다. 언젠가 내가 군대를 이끌고 다른 곳에 갔을 때 나는 이들을 시험하게 되었습니다. 우리는 굉장히 비좁은 숙소에 묵게 되었습니다. 이시닷따와 뿌라나 두 감독관은 법담으로 밤늦게까지 보낸 뒤, 부처님이 머물고 계시다고 들은 곳으로 머리를 두고 내 쪽으로 발을 둔 채 자리에 누웠습니다. 저는 '이것은 정말 놀라운 일이다. 이것은 정말 경이로운 일이다. 내가 그들에게 많은 것들을 주는데도 나보다도 부처님을 더 존경한다. 이들은 틀림없이 부처님의 가르침 속에서 점차적으로 성취되는 뛰어난 탁월함을 알고 있다.'고 생각하였습니다.

이것이 내가 부처님에 대하여 '부처님은 온전히 깨달으신 분이고 담마는 부처님에 의하여 잘 설해져 있고,

부처님의 제자들이 모인 승가는 훌륭한 길을 수행하고 있다.'고 담마에 따라서 추론하는 이유입니다."

이어서 빠세나디왕은 말하였다.

"부처님은 왕족이고 나도 왕족입니다. 부처님은 꼬살라인이고[17] 나도 꼬살라인입니다. 부처님은 여든 살이고 나도 여든 살입니다. 그러므로 내가 부처님께 이렇게 친애를 보이고 최상의 존경을 표하는 것은 당연하다고 생각합니다."

성자의 삶[18]

| 숫따니빠따 3편 11: 695-723 |

사꺄족들에게 큰 기쁨을 주고, 청정한 삶을 사는 분은 궁성에서 나왔다. 아시따 선인은 조카에 대한 자비심으로 가득 차서 그의 여동생의 아들인 날라까에게 이 비할

----

17) 부처님의 모국은 까삘라국이었다. 그러나 까삘라국은 꼬살라국에게 멸망하였다. 그래서 꼬살라인이라 함.
18) 이 경의 앞부분인 679-694까지는 아시따 현인이 "이 아기(부처님 탄생)는 장차 진리의 바퀴를 굴릴 것"이라고 예언한다.

데 없는 분과 그의 가르침에 대하여 이야기하였다. (695)

어느 날 선인은 조카에게 말하였다.

"애야, 훗날 너는 붓다(깨달은 사람)에 대하여 사람들이 말하는 것을 듣게 될 것이다. 그리고 바른 길을 수행하여 온전한 깨달음을 얻은 사람에 대한 이야기를 듣게 될 것이다. 이런 이야기를 듣게 되면 그분에게 가서 모든 가르침을 배우도록 하여라. 그리고 그분께 출가하여 그분을 따라서 청정한 수행을 하도록 하여라." (696)

이와 같은 현자의 앞을 내다보는 가르침을 듣고 날라까는 여러 해 동안 바른 선행의 공덕을 쌓고, 자신을 절제하고, 깨어 있고, 감관을 절제하고, 승리자가 나타나기를 기다렸다. (697)

어느 날 그는 승리자가 진리의 바퀴를 굴리신다는 소문을 들었다. 아시따 선인의 말씀을 따라 날라까는 훌륭한 성자를 찾아갔다. 그는 이 지혜로운 분에게 어떻게 성자가 되는지에 대하여 여쭈었다. (698)

"오래 전에 아시따 선인이 저에게 예견한 것이 진실로 드러났습니다. 고따마시여, 모든 것의 완벽함에 도달하신 분께 여쭙니다. (699)

저는 출가하여 수행자의 삶을 살고 싶습니다. 성자시여, 저에게 성자의 최상의 삶에 대하여 가르쳐 주십시오." (700)

부처님은 말씀하셨다.

"그대에게 성자의 최상의 삶에 관하여 말하리라. 그것은 도달하기 어렵고 성취하기 어렵다. 그러나 그대에게 알려 줄 것이니 정신을 가다듬고 마음을 굳건히 하여 잘 새겨들어라. (701)

그대는 마을에서 칭찬도 듣고 비난도 듣는다.
그러나 그대의 마음은 평정을 유지하여야 한다.
비난한다고 혼란에 빠져서도 안 되고
칭찬한다고 교만해서도 안 된다. (702)

한적한 숲에 있더라도 마치 불꽃의 혀처럼 [날름거리며]

크고 작은 감각을 유혹하는 대상들이 나타난다.

여인은 홀로 있는 성인을 유혹한다.

그러나 그대는 여인이 유혹하도록 해서는 안 된다. (703)

육체적 쾌락을 버려라.

약한 것이건 강한 것이건 존재하는 모든 것들에게

집착하지도 말고 싫어하지도 말라. (704)

'그들은 나와 같고 나는 그들과 같다.'고

자신을 다른 것들과 비교하여

생명 있는 것들을 죽여서는 안 되며 죽이게 해서도 안
된다. (705)

대부분의 사람들은 욕망과 탐욕에 묶여 있다.

그대는 이 욕망과 탐욕을 버리고 바른 길을 가라

그리고 그대의 통찰력으로 괴로움을 헤쳐나가라. (706)

적게 먹고, 음식을 절제하고,

적은 것에 만족하고, 욕심을 부리지 말아라.

욕망이 사라지면 평화의 고요함이 찾아온다. (707)

욕망에서 벗어나고 윤회를 끊어버리고,
해야 할 선도, 하지 말아야 할 악도
다 초월한 사람은 번뇌가 없다. (715)

그대에게 최상의 경지를 말하리라.
칼날처럼 날카롭게 마음을 집중하라.
혀를 입천장에 붙이고 배의 호흡의 일어나고 사라짐에
마음을 집중하여 자신을 다스려라. (716)

활기찬 마음을 지녀야 한다.
쓸데없이 많은 것을 생각해서는 안 된다.
번뇌 없이 집착함 없이
오직 청정한 삶을 궁극의 목표로 삼으라. (717)

초연하게 홀로 있음을 배우라.
홀로 있는 침묵 속에서 지혜가 나온다.
그때 홀로 있음은 기쁨이 된다. (718)

물 소리를 들어보아라.

골짜기를 흐르는 물 소리와 강물 소리를 들어보아라.

얕은 개울은 소리 내어 흐르지만

깊은 강물은 소리 없이 흐른다. (720)

빈 것은 메아리가 치지만 가득 찬 것은 고요하다.

어리석은 사람은 물이 반만 찬 항아리 같고

지혜로운 사람은 물이 가득 찬 호수와 같다. (721)

사문이 적절하고 의미 있는 많은 것들을 이야기할 수
있다. 그는 자신의 풍부한 지식에 입각하여 교리의 요점
을 설명한다. 그가 이런 견지에서 말할 수 있는 것은 상
당히 많다. (722)

그러나 이런 지식이 있는 사람이 자신을 절제하여

설령 안다하더라도 많은 말을 하지 않을 때

그런 성자는 성자의 삶을 누릴만하고, 그런 성자는 성
자의 삶을 성취하였다. (723)

어리석은 사람과 지혜로운 사람

| 담마빠다 |

어리석은 자가 자신의 어리석음을 알면 그는 지혜로운 자가 된다.

어리석은 자가 자신은 지혜롭다고 생각하면, 그는 정말로 어리석은 자라고 불린다. (63)

진리를 깨달아 온전히 해탈하고 평온한 사람은 마음이 차분하고, 말이 차분하고, 행동이 차분하다. (96)

천 마디의 공허한 말보다 들으면 마음이 평화로워지는 의미 있는 한 마디 말이 훨씬 더 낫다. (100)

교리나 신조에 묶여 있는 사람

| 숫따니빠따 4편 5: 796-802 |

어떤 교리나 신조에 꼭 붙잡혀 있는 사람은 그것만이 이 세상에서 최고라고 주장하면서 말하기를, "이것만이 가장 훌륭하다"고 하며 다른 견해들은 열등한 것이라고 헐뜯는다. 그 결과 그런 사람은 논쟁을 뛰어넘어 논쟁에서 자유로울 수 없다. (796)

자신이 본 것, 들은 것, 인식한 것, 계율, 예식 등에 대하여 개인적으로 이득이 있다고 보면 그것에만 열정적으로 집착하여 다른 것들은 보잘것 없다고 여긴다. (797)

자기와 관계 있는 어떤 것에 집착하여 다른 모든 것은 열등하다고 보는 사람은, 속박에 갇혀 있는 사람이라고 진리에 통달한 사람은 말한다. 그러므로 수행자는 자기가 본 것, 들은 것, 인식한 것, 계율, 예식 등에 무조건 신뢰하여 그것만이 옳다고 주장하지 않는다. (798)

수련된 사람은 자기의 지식이나 계율 또는 예식 등에 의존하여 독단적 견해를 일으키지 않는다. 그러므로 자기 자신을 남과 비교하여 '뛰어나다, 또는 못난이다, 또는 피장파장이다' 라고 생각하지 않는다. (799)

성자는 '나' 에 대한 개념을 버려 모든 집착에서 떠나 있다. 그는 자신이 갖고 있는 지식에도 의존하지 않는다. 논쟁하는 사람들 가운데 있으면서도 어느 한쪽을 따르지 않는다. 그에게는 독단적 견해가 없다. (800)

성자는 이 세상에서나 저 세상에서나 이것이 아니면 안 된다는 극단적 견해는 없다. 그에게는 어떤 교의나 신조가 더 이상 필요 없으며 교의나 신조가 그를 사로잡지 못한다. (801)

성자는 보고, 듣고, 느낀 것에 의한 티끌만한 편견도 갖고 있지 않다. 이와 같은 독단적인 어떤 견해에도 사로잡히지 않은 청정한 분을 어떻게 생각으로 규정지어 말할 수 있겠는가? (802)

끝없는 인간의 욕망

| 담마빠다 |

황금이 소나기처럼 쏟아져도 인간의 욕망을 만족시킬
수 없다. (186)

지혜로운 이는 이와 같이 알고 천상의 기쁨도 즐거워
하지 않는다. (187)

아침, 낮, 저녁이 행복한 이유

| 앙굿따라 니까야 3부 150 |

누구든지 아침 동안 생각과 말과 행동을 바르게 실천
하면, 행복한 아침이 찾아온다.

누구든지 낮 동안 생각과 말과 행동을 바르게 실천하
면, 행복한 낮이 찾아온다.

누구든지 저녁 동안 생각과 말과 행동을 바르게 실천
하면, 행복한 저녁이 찾아온다.

비난에서 자유로울 수 없는 세상

| 담마빠다 |

사람들은 말없이 조용히 앉아 있어도 비난한다.

말을 너무 많이 해도 비난한다.

말을 조금해도 역시 비난한다. 오 아뚤라여*

이것은 지금만 있는 이야기가 아니고 옛부터 전해오는 이야기다.

이 세상에서 비난받지 않는 사람은 아무도 없다고. (227)

비난만을 받는 사람도 없으며, 칭찬만을 받는 사람도 없다.

과거에도 없었고, 현재에도 없고 미래에도 없을 것이

* 재가신도 지도자인 아뚤라는 많은 무리를 데리고 가르침을 듣기 위하여 레와따 존자를 찾아갔다. 그러나 그는 고요히 앉아 아무것도 설해주지 않았다. 이에 그들은 불평을 하면서 사리뿟따 존자를 찾아갔다. 그는 교학적인 이론으로 가득한 설법을 하여 그들은 만족할 수 없었다. 이번에는 아난다 존자에게 갔다. 그는 간단명료하게 요점만 이야기하였다. 그러나 그들은 역시 만족할 수 없어서 부처님을 찾아가서 아무에게서도 만족할 수 없었다고 말씀드리니 부처님은 위의 게송을 말씀하셨다.

다. (228)

자기의 잘못을 보기는 어려운 일이다

| 담마빠다 |

남의 잘못은 보기 쉬워도 자기 잘못은 보기 어렵다.

다른 사람의 잘못은 겨를 까부르듯이 사방에 드러내고 자신의 잘못은 능란한 들새 사냥꾼이 자신을 변장하듯, 그렇게 숨긴다. (252)

단단한 바위가 바람에 흔들리지 않는 것처럼 지혜로운 사람은 칭찬과 비방에 흔들리지 않는다. (81)

진리를 깨닫는 길

| 맛지마 니까야: 95 짱끼 경 11-34 |

['이것만이 진리'라는 말은 오류]

까빠티까라는 브라흐민 청년이 부처님께 여쭈었다.

"고따마 존자님, 구전으로 내려온 고대 베다의 찬가와 경전에 대하여 브라흐민들은 말하기를 '오직 이것만이 진리이다. 다른 것들은 다 가짜다.' 라고 합니다. 고따마 존자님은 이것에 대하여 어떻게 말씀하십니까?"

"바라드와자(까빠티까의 가문 이름), 어떤 것은 믿음으로 완전히 받아들였지만 그것이 공허하고 거짓일 수도 있고, 어떤 것은 잘 믿어지지 않지만 그것이 사실이고 진실이고 바른 것이기도 하지. 또한 어떤 것을 좋아하지만 그것이 공허하고 거짓일 수도 있고, 어떤 것을 좋아하지 않지만 그것이 사실이고 진실이고 바른 것이기도 하지. 그러므로 진리를 지키는 지혜로운 사람에게는 '오직 이 것만이 진리이고 다른 것은 가짜다.' 라고 확정적인 결론을 내리는 것은 합당하지 못하다."

[진리를 보호하는 길]

"그러면 고따마 존자님, 어떻게 진리를 보호합니까?"

"예를 들면 만일 어떤 사람이 어떤 것에 대한 믿음이 있을 때 '나의 믿음은 이와 같다.' 라고 말할 뿐 '나의 믿음만이 진리이고 다른 믿음은 전부 가짜다.' 라고 단정적으로 말하지 않을 때 그는 진리를 보호한다.

만일 어떤 사람이 구전으로 내려오는 전승을 받아들일 때 '나는 구전을 받아들인다.' 라고 말할 뿐 '구전만이 진짜이고 다른 것은 엉터리다.' 라고 단정적으로 말하지 않을 때 그는 진리를 보호한다.

만일 어떤 견해를 찬성할 때 '나는 그 견해를 찬성한다.' 라고 말할 뿐 '그 견해만이 진리이고 다른 견해는 잘못된 것이다.' 라고 단정적으로 말하지 않을 때 그는 진리를 보호한다. 그러나 아직 진리를 깨닫지는 못하였다."

[진리를 깨닫는 길]

"고따마 존자님, 그러면 어떻게 진리를 깨닫습니까?"

"어떤 존자가 탐·진·치에서 벗어났음을 보고 그에 대한 믿음과 존경심을 갖고 그의 가르침을 듣고 그 뜻을 새긴다. 그때 열성이 샘솟아 마음을 쏟아 매진함에 따라 면밀한 관찰과 숙고가 생긴다. 이때 분발력이 생겨서 최상의 진리를 깨닫게 되고 최상의 진리를 꿰뚫어 보게 된다. 그러나 아직 완전히 진리에 도달하지는 못하였다."

[진리에 도달하는 길]

"그러면 어떻게 마침내 진리에 도달합니까?"

"진리에 도달하는 길은 똑같은 것을 반복적으로 꾸준히 계속할 때 이루어지며, 그것을 발전시키고 연마할 때 이루어진다."

"그러면 진리에 도달하는 데에 가장 도움이 되는 것은 무엇입니까?"

"분투노력하는 것이 진리에 도달하는 데에 가장 도움이 된다. 만약 이런 분투노력이 없다면 그는 진리에 도달하지 못할 것이다."

"고따마 존자님, 그러면 분투노력에 가장 도움이 되는 것은 무엇입니까?"

"면밀한 관찰과 숙고가 가장 도움이 된다. 만약 면밀한 관찰과 숙고가 없다면 그는 분투노력하지 않을 것이다."

"고따마 존자님은 저희들에게 진리를 보호하는 길, 진리를 깨닫는 길, 진리에 도달하는 길에 대하여 훌륭히 가르쳐 주셨습니다."

육방에 예배하는 바른 방법

| 디가 니까야 31 시갈로와다 경:1,2,27-35 |

장자의 아들 젊은 시갈라는 아침 일찍 일어나 라자가하를 벗어나 [물에서 나와] 옷과 머리가 젖은 채 두 손을 모아 합장하고 동·서·남·북·위·아래 여섯 방향을 향하여 예배하였다. 부처님은 그것을 보시고 말씀하셨다.

"장자의 아들이여, 그대는 왜 옷과 머리가 젖은 채 여섯 방향을 향하여 예배하는가?"

"존자님, 저의 아버지가 임종시 저에게 말씀하시기를, '사랑하는 아들아, 너는 여섯 방위에 예배하여야 한다.'고 하셨습니다. 그래서 아버지의 말씀에 대한 존경과 공경심으로 여섯 방향을 향하여 예배합니다."

"장자의 아들이여, 그러나 거룩한 가르침에서는 그런 식으로 여섯 방향에 예배하는 것이 아니다."

"그러면 존자님, 거룩한 가르침에서는 어떻게 육방(六方)에 예배를 합니까? 가르침을 주시면 감사하겠습니다."

"그렇다면 귀를 기울여 잘 듣고 마음에 새겨라. 그대를 위하여 설하리라. 어떻게 여섯 방향[동서남북상하]을 보호하는가? 다음과 같이 여섯 방향을 알아야 한다. 부모는 동쪽이라고 알아야 한다. 스승은 남쪽, 아내와 아이들은 서쪽, 친구와 동료는 북쪽, 하인과 고용인은 아래쪽, 사문과 브라흐민은 위쪽이라고 알아야 한다.

[동쪽: 부모와 자녀의 도리]

아들은 다섯 가지로 동쪽 방향인 부모님을 섬겨야 한다. 부모님은 나를 양육하셨다. 그러니 나는 부모님을 봉양할 것이며, 주어진 의무를 다할 것이며, 가문의 전통을 이어갈 것이며, 유산을 물려받음에 모자람이 없도록 할 것이며, 부모님이 돌아가시면 그분들을 위하여 보시를 베풀 것이다.

부모는 다섯 가지로 동쪽 방향인 자녀를 돌보아야 한다. 악을 삼가도록 한다. 선을 행하도록 격려한다. 교육을 시키고 전문적인 기술을 가르친다. 적합한 배우자를 물색하여 결혼시킨다. 때가 오면 유산을 물려준다.

이렇게 각각 다섯 가지 길로써 자녀는 부모를 섬기고

부모는 자녀를 돌보아야 한다. 이렇게 해서 동쪽 방향은 보호되고 안전하고 편안하게 된다.

[남쪽: 스승과 제자의 도리]

제자는 다섯 가지로 남쪽 방향인 스승을 섬겨야 한다. 일어서서 맞이하고 인사하며, [미리 와서] 기다리며, 배움에 열성을 다하고, 개인적으로 시중을 들고, 가르침을 받을 때 주의를 기울여 배운다.

스승은 다섯 가지로 남쪽 방향인 제자를 돌보아야 한다. 가르쳐야 할 바를 철저히 가르친다. 제자가 알아들었는지 확인한다. 모든 분야의 교육을 철저히 시킨다. 스승의 친구와 동료들에게 제자를 추천해 준다. 모든 곳에서 안전하게 보호해 준다.

이렇게 각각 다섯 가지 길로써 제자는 스승을 섬기고 스승은 제자를 돌보아야 한다. 이렇게 해서 남쪽 방향은 보호되고 안전하고 편안하게 된다.

[서쪽: 아내와 남편의 도리]

남편은 다섯 가지로 서쪽 방향인 아내를 섬겨야 한다.

아내를 공경하고, 부드럽게 말하고, 충실하여 믿을 수
있고, 권한을 넘겨주고, 옷과 장신구를 사준다.

아내는 다섯 가지로 서쪽 방향인 남편을 섬겨야 한다.
맡은 바 일을 잘 해내며, 시가와 친가 양쪽 친척들을 모두
환대하며, 충실하여 믿을 수 있으며, 남편이 벌어 온 재
물을 잘 관리하며, 모든 일을 처리함에 근면하고 능숙하
여야 한다.

이렇게 각각 다섯 가지 길로써 남편은 아내를 돌보고
아내는 남편을 섬겨야 한다. 이렇게 해서 남쪽 방향은
보호되고 안전하고 편안하게 된다.

[북쪽: 친구와 친구의 도리]

벗은 다섯 가지로 북쪽 방향인 친구와 동료를 섬겨야
한다. 관대하게 베풀며, 친절한 말을 하며, 친구에게 이
익이 돌아가도록 하며, 자신에게 하듯 친구를 대접하며,
말에 신용이 있으며 약속을 지킨다.

친구와 동료는 다섯 가지로 북쪽 방향인 벗을 섬겨야
한다. 벗이 취해 있을 때에 돌보아 주며, 벗이 취해 있을
때에 그의 재물을 돌보아 주며, 고난에 처하였을 때 의

지처가 되어 주며, 재난에 처했을 때 그를 버리지 않으며, 벗의 가족까지도 관심을 가지고 돌본다.

이렇게 각각 다섯 가지 길로써 친구는 벗을 돌보고 벗은 친구와 동료를 돌보아야 한다. 이렇게 해서 북쪽 방향은 보호되고 안전하고 편안하게 된다.

[아래: 주인과 하인이나 고용인의 도리]

주인은 다섯 가지로 아래 방향인 하인과 고용인을 대접하여야 한다. 그들의 힘과 능력에 따라 일을 배정하며, 음식과 급료를 주며, 병이 났을 때에 돌보아 주며, 특별히 맛있는 것을 나누어 먹으며, 적절한 때에 쉬게 한다.

하인과 고용인은 다섯 가지로 아래 방향인 주인을 섬겨야 한다. 주인보다 일찍 일어나고, 늦게 자며, 주는 것만을 가지며, 맡겨진 일을 충실히 해내며, 항상 주인에 대한 칭찬과 좋은 평판을 이야기한다.

이렇게 각각 다섯 가지 길로써 주인은 하인과 고용인을 돌보고 하인과 고용인은 주인을 섬겨야 한다. 이렇게 해서 아래 방향은 보호되고 안전하고 편안하게 된다.

[위: 사문이나 브라흐민과 시주자의 도리]

시주자는 다섯 가지로 위 방향인 사문과 브라흐민을 섬겨야 한다. 자애로운 행동으로 대하며, 자애로운 말로 대하며, 자애로운 생각으로 대하며, [탁발 오는] 그들을 위하여 대문을 열어 놓으며, 필요한 것들을 시주한다.

사문과 브라흐민은 다섯 가지로 위 방향인 시주자를 돌보아야 한다. 악을 삼가도록 하며, 선을 행하도록 북돋우며, 자애롭게 대하며, 아직 알지 못하는 뜻깊은 가르침을 설해주고 이미 아는 것은 분명하게 알도록 하며, 천상에의 길을 알려준다.

이렇게 각각 다섯 가지 길로써 시주자는 사문과 브라흐민을 섬기며 사문과 브라흐민은 시주자를 돌보아야 한다. 이렇게 해서 위 방향은 보호되고 안전하고 편안하게 된다."

제2편

베풂·공덕을 지음·간병·보시·
효도·자비실천의 경전 모음

누구에게 공덕이 늘어납니까?

| 상윳따 니까야: 1 데와따 상윳따 5:7 |

"밤낮으로 누구에게 공덕이 늘어납니까?"

"동산과 숲을 조성하고 나무를 심어 그늘을 드리워 지친 나그네를 쉬어가게 하고, 다리를 놓아 물을 건너가게 하고, 우물가에 정자를 세우고, 우물을 파 목마른 자에게 마시게 하고, 객사를 지어 나그네들에게 쉬어가게 하는 이런 이에게 공덕은 밤낮으로 늘어난다."

조금 있어도 베풀면

| 상윳따 니까야: 1 데와따 상윳따 4:2 |

험한 여행길의 친구처럼 조금 있어도 나누어 주는 사람은 죽은 자들 가운데서 죽지 않는다.[19]

· · · · · · · · ·
19) 인색하여 남에게 줄줄 모르는 사람을 '죽은 자' 라고 비유하고 있다.

이것은 옛날부터의 원리이다.

어떤 이는 조금 있어도 베풀고, 어떤 이는 많아도 베풀지 않으니, 조금 있어도 베푸는 보시는 천 배의 가치가 있다.

주기 어려운 것을 주는 사람들, 하기 어려운 것을 하는 사람들, 옳지 못한 사람들은 흉내낼 수 없으니 옳은 사람의 가르침은 따르기 쉽지 않네.

옳은 사람과 옳지 못한 사람은 죽은 후 가는 곳이 다르니, 옳은 사람은 좋은 곳으로 가고 옳지 못한 사람은 나쁜 곳으로 간다네.

베풂의 공덕

| 상윳따 니까야: 1 데와따 상윳따 5:1,2 |

베풀면 좋은 결실을 얻지만 베풂이 없으면 좋은 결실이 없다네.

도둑들이 훔쳐가거나 왕들이 빼앗아가거나 불타서 사라진다네.

모든 재산과 함께 이 몸도 끝내는 버려야 하니 지혜로운 이여 이것을 알아 자신도 즐기고 보시도 하세.

음식을 베푸는 사람은 남에게 힘을 주는 사람이며, 의복을 베푸는 사람은 남에게 아름다움을 주는 사람이며, 탈것을 베푸는 사람은 남에게 편안함을 주는 사람이며, 등불을 베푸는 사람은 남에게 밝은 눈을 주는 사람이며, 살 집을 베푸는 사람은 남에게 모든 것을 주는 사람이다.

그러나 부처님 가르침을 베푸는 사람은 남에게 윤회의 해방을 주는 사람이다.

어머니가 외아들에게 하듯이

| 테라가타 33 소빠까 비구 |

마치 어머니가 사랑하는 외아들에게 [조건 없는] 선을 베풀 듯이

그대도 그렇게 어디서든지 존재하는 모든 것들에게 선을 베풀어야 한다.

베풂으로 인색함을 극복하라

| 담마빠다 |

자애로움으로 성냄을 극복하고
선을 행함으로 악을 극복하고
남에게 베풂으로 인색함을 극복하고
진실하게 대함으로 거짓을 극복하라. (223)

진실을 말하라, 성내지 말라
빠듯한 처지라도 구하는 이에게 아낌없이 베풀라
이런 공덕으로 그대는 신들이 있는 곳에 간다. (224)

행복은 선의 누적의 결과

| 담마빠다 |

선은 서둘러 행하고
악에서 마음을 멀리하라

선을 행하는데 느슨할 때

그 마음은 벌써 악을 즐기고 있다. (116)

악을 저질렀다면

다시는 그것을 되풀이하지 말라

악의 누적은 괴로움을 가져올 뿐이니

악 속에서 즐거워하지 말라. (117)

선행을 하였다면 계속해서 그렇게 하라

선을 하겠다는 열망을 일으키라

행복은 선의 누적의 결과이다. (118)

살아 있는 동안 공덕을 짓자

| 앙굿따라 니까야 3부 51 |

생의 마지막에 다다른 120세의 연로한 두 사람의 브라흐민이 부처님께 와서 이렇게 말하였다.

"고따마 존자님, 우리는 브라흐민입니다. 이제 노쇠

하고 늙고 생의 마지막에 다다랐고 120세가 되었습니다. 그러나 선하고 좋은 일이라고는 한 것이 없고 [내생의] 두려움에 대한 공덕도 짓지 못하였습니다. 고따마 존자님, 오랫동안 저희들에게 행복과 이익이 될 수 있도록 저희들을 위하여 가르침을 주십시오."

"참으로 브라흐민이여, 이 세상은 늙음과 질병과 죽음에 의하여 휩쓸려 가버립니다. 이 세상이 늙음과 질병과 죽음에 의하여 휩쓸려 갈 때 생각과 말과 행동으로 자기 자신을 절제하는 사람은, 이 세상을 떠날 때에 절제의 삶은 귀의처가 될 것입니다."

삶은 휩쓸려가고 인생은 짧다
늙음에 다다른 이에게 피난처가 없네
죽음의 두려움을 알아차리고
행복으로 이끄는 선을 행하세.

생각과 말과 행동에서 자신을 절제하고
살아 있는 동안 공덕을 지으면
죽을 때 행복을 가져온다네.

백 개 가마솥 음식보다 자비로운 마음을

"만일 어떤 사람이 아침에 백 개나 되는 가마솥의 음식을 보시하고, 점심 때 백 개나 되는 가마솥의 음식을 보시하고, 저녁에 백 개나 되는 가마솥의 음식을 보시한다고 하자.

또 만일 어떤 사람이 아침에 소젖을 짜기 위하여 한 번 소 젖꼭지를 당기는 잠깐 사이라도 자비스러운 마음을 실천하거나, 점심에 잠시 자비스러운 마음을 실천하거나, 저녁에 잠시 자비스러운 마음을 실천한다면, 백 개의 가마솥 음식보다 잠시라도 자비스러운 마음을 실천하는 것이 훨씬 더 결실이 크다. 그러므로 그대들은 이와 같이 배워야 한다."

자비로써 마음의 해탈을 발전시키고 연마하며,
자비를 수레로 삼고,
자비를 토대로 삼고,

자비의 마음을 견고하게 하고,
자비 속에서 자신을 단련하고,
자비로움을 온전히 성취하리라.

병든 비구를 씻기시는 부처님

| 율장 마하왁가 8편 26:1-4 |

그때 어떤 비구가 이질에 걸려 고생하고 있었다. 그는 설사를 자주 하여 누워 있는 자리가 설사로 더러워져 있었다. 부처님은 시자인 아난다 존자를 데리고 비구들의 방사를 둘러보다가 그 병든 비구를 보게 되었다. 부처님은 그에게 이렇게 말씀하셨다.

"비구야, 너는 무슨 병에 걸렸느냐?"

"부처님, 저는 이질에 걸렸습니다."

"너를 간호하는 사람은 있느냐?"

"없습니다. 부처님."

"왜 비구들이 너를 간호하지 않느냐?"

"저는 비구들에게 아무 도움도 되지 않기 때문입니다.

부처님.”

부처님은 아난다 존자에게 말씀하셨다.

“아난다, 가서 물을 가져오너라. 이 비구를 목욕시켜야겠구나.”

“예, 부처님.”

아난다 존자는 물을 가져왔다. 부처님은 환자에게 물을 붓고 아난다 존자는 환자를 씻겼다. 그런 후 그를 부축하여 침상에 눕혔다.

부처님은 이것과 관련하여 비구들을 모으고 말씀하셨다. 어디에 병든 비구가 있는지, 무슨 병인지, 간호하는 사람이 있는지, 왜 간호를 하지 않는지를 소상하게 물으신 후 이렇게 말씀하셨다.

“비구들이여, 여기에는 그대들을 돌보아 줄 어머니도 안 계시고 아버지도 안 계시다. 서로 돌보고 간호하지 않는다면 누가 그대들을 돌보겠는가? 누구든지 나에게 시중들 사람이 있다면 그 병든 비구를 돌보아라. 만일 그에게 은사가 있다면 은사는 그를 평생토록 돌보아야 하며 병자가 회복될 때까지 기다려야 한다. 스승이나 방을 함께 쓰는 비구나 제자가 있다면 이들이 병자를 돌보아야 한다. 그러나 환자에게 이런 사람이 아무도 없다면 그때는 승단이 환자를 돌보아야 한다. 만약 승단이 돌보지 않는다면 잘못을 범하는 것이다."

경전의 가르침 대로 행하라

| 담마빠다 |

경전을 아무리 많이 외울지라도
그 가르침대로 행하지 않는 게으른 사람은
남의 소만 세고 있는 목동과 같아
깨달음의 대열에 들어갈 수 없다. ⑲

인색한 베풂에 대한 교훈

| 디가니까야 23 빠야시 경 32-34 |

빠야시 왕자는 사문, 브라흐민, 가난한 사람, 길가는 나그네, 거지, 그리고 필요한 사람에게 베풀 자선을 위

한 곳을 설립하였다. 그리고 시큼한 죽과 싸라기 밥, 둥근 술 장식이 달린 거친 옷들을 분배하였다. 그때 젊은 브라흐민 웃따라가 분배하는 책임을 맡고 있었다. 그는 품질이 좋지 못한 분배품을 보고 다음과 같이 말하였다.

"자선을 통한 나와 빠야시 왕자와의 관련은 금생에 한정되어 있다. 내생은 아니다."

빠야시 왕자는 이 소리를 전해듣고 웃따라에게 물었다.

"그렇게 말한 것이 사실인가."

"왕자님, 사실입니다."

"그대는 왜 그렇게 말을 하였는가? 웃따라, 우리들은 자선에 대한 보상을 기대하고 공덕을 얻기를 원하고 있지 않느냐?"

"맞습니다. 그러나 왕자님께서 베푸신 음식은 시큼한 죽과 싸라기밥이었습니다. 왕자님은 이런 음식을 발에 닿는 것도 꺼리실텐데, 하물며 그런 음식을 잡수시겠습니까? 그리고 왕자님께서는 둥근 술 장식이 달린 거친 옷도 발에 닿는 것을 꺼리실텐데, 하물며 그런 옷을 입으시겠습니까? 왕자님은 저희들에게 친절하고 따뜻하게 대해 주셨습니다. 그런데 왕자님의 친절함, 따뜻함과 자선에서 보이신 불친절함을 어떻게 조화시켜야 할까요?"

"그렇다면 웃따라여, 그대는 내가 먹는 것과 똑같은 음식, 내가 입는 것과 똑같은 옷들을 베풀도록 주선하여라."

"매우 훌륭하십니다, 왕자님."

그래서 웃따라는 그대로 시행하였다.

빠야시 왕자는 마지못해 억지로 자선하는 곳을 설립했고, 자신의 손으로 베풀지 않았고, 관심도 없이 그냥 옆에 던져버리듯이 베풀었기 때문에 그는 죽어서 텅 빈 세리사까 대저택의 사천왕의 동료로 태어났다. 그러나 웃따라는 자선을 베풂에 인색하지 않았고, 자신의 손으로, 관심을 가지고 베풀었고, 던져버리듯이 베풀지 않았기 때문에 죽은 후 좋은 곳, 천상의 33신의 동료로 태어났다.

그때 가왐빠띠 존자는 한낮의 휴식을 위하여 텅 빈 세리사까 대저택으로 가곤 하였다. 그런데 사천왕의 동료 신이 된 빠야시 왕자는 가왐빠띠 존자에게 가서 인사를 드리고 한 곁에 섰다. 가왐빠띠 존자가 물었다.

"그대는 누구인가, 친구여?"

"존자여, 저는 빠야시 왕자입니다."

"그런데 그대의 자선품의 분배를 맡았던 젊은 브라흐민 웃따라는 어디에 태어났는가?"

"존자여, 웃따라는 인색함 없이 자선을 베풀었기 때문에 33신들의 동료로 태어났고, 저는 인색하게 베풀었기 때문에 사천왕의 동료가 되어 여기 텅 빈 세리사까 대저택에 태어났습니다. 존자여, 부탁하오니 존자께서 지상(사바세계)에 가시면 이렇게 말해주십시오.

자선을 베풂에 인색하지 말고, 자신의 손으로 직접 베풀고, 관심을 가지고 베풀고, 던져버리듯이 베풀지 말라.

그리고 빠야시 왕자가 태어난 곳과 브라흐민 웃따라가 태어난 곳을 알려 주십시오."

가왐빠띠 존자는 인간 세상으로 돌아와서 이렇게 말하였다.

"여러분들은 인색함 없이 베풀고, 그대들의 손으로 직접 베풀고, 관심을 가지고 베풀고, 아무렇게나 던져버리듯이 베풀지 마십시오. 빠야시 왕자는 이렇게 하지 않았기 때문에 죽은 후 사천왕의 동료가 되어 텅 빈 세리사까 대저택에 태어났습니다. 그러나 왕자의 자선품의 분배를 맡았던 젊은 브라흐민 웃따라는 인색함 없이 잘 베풀

었기 때문에 죽은 후 33신의 동료로 천상의 좋은 곳에
태어났습니다."

보시하는 마음 자세

| 앙굿따라 니까야 8부 31 |

보시에는 여덟 가지가 있다.

- 아무런 생각없이 그냥 보시하는 사람,
- 두려움에서 벗어나고자 보시하는 사람,
- 받았기 때문에 되돌려 갚으려고 보시하는 사람,
- 보시를 하면 다시 보시를 받을 것이라는 생각에서 보시하는 사람,
- 주는 것이 좋다는 생각에서 보시하는 사람,
- 요리 못하는 사람에게 [탁발승] 거절하는 것은 합당치 못하다는 생각에서 보시하는 사람,
- 보시를 하면 좋은 평판을 얻는다는 속셈에서 보시하는 사람,
- 보시를 함으로써 마음이 풍요롭고 기분이 좋아진다

는 생각에서 보시하는 사람,

[그대가 하는 보시는 어떤 보시인가?]

위사카[20]의 무량한 보시

| 율장 마하왁가 8편 2:15 |

위사카는 부처님과 비구들을 공양에 초대하였다.

부처님께서 공양을 다 드시자 위사카는 부처님께 이렇게 말씀드렸다.

"부처님, 저는 부처님께 여덟 가지 청이 있습니다."

"위사카, 여래는 청원을 초월해 있다."

"부처님, 저의 청은 정당한 것이고 흠잡을 데 없는 것입니다."

"말해 보아라, 위사카."

"– 부처님, 저는 일생 동안 비옷을 승가에 보시하고

• • • • • • • •

20) 위사카(visākhā): 대부호의 딸로 부처님의 여성 재가신도 중 으뜸으로, 승가를 섬긴 사람 가운데 으뜸이라고 부처님은 말씀하심. 동원의 미가라마뚜(녹자모) 강당을 지어 보시함. 부처님은 기원정사에 계실 때는 낮에 동원정사를 자주 왕래하셨다.

자 합니다.

– 저는 일생 동안 다른 곳에서 오는 비구에게 음식을
보시하고자 합니다.

– 저는 일생 동안 다른 곳으로 떠나는 비구에게 음식
을 보시하고자 합니다.

– 저는 일생 동안 병든 비구에게 음식을 보시하고자
합니다.

– 저는 일생 동안 병든 비구를 간호하는 비구에게 음
식을 보시하고자 합니다.

– 저는 일생 동안 병든 비구에게 약품을 보시하고자
합니다.

– 저는 일생 동안 항상 죽을 보시하고자 합니다.

– 저는 일생 동안 비구니 승가에 목욕옷을 보시하고
자 합니다."

"위사카, 참으로 훌륭하다."

부처님은 게송으로 위사카를 축복하셨다.

매우 기뻐하고 계행을 갖춘

여래의 제자가 음식을 공양한다.

탐욕을 극복한 그 보시는 천상의 것으로
슬픔을 쫓아버리고 행복을 가져온다.

실천하는 사람은 향기가 난다

| 담마빠다 |

아름다운 빛깔의 사랑스런 꽃도 향기 없는 꽃이 있듯이
말은 그럴싸해도 실천이 없으면 쓸모 없는 말이 된다. (51)
　매력적인 빛깔의 사랑스런 꽃에 감미로운 향기가 있
듯이 말한대로 실천하는 사람의 말은 결실이 풍부한 말
이 된다. (52)

훌륭한 간병인의 자질

| 율장 마하왁가 8편 26:8 |

병자를 간호하기에 적절한 다섯 가지 자질이 있다.
－ 약을 구할 능력이 있어야 한다.

- 환자에게 무엇이 이롭고 해로운지 알아야 한다. 그래서 환자에게 이로운 것은 가져오고 해로운 것은 버린다.
- 이득을 얻으려는 생각 없이 다정한 마음을 가지고 간호하여야 한다.
- 똥·오줌·땀·구토물 등을 더럽다고 생각지 말아야 한다.
- 환자에게 때때로 가르침을 설하여 기쁘게 하여야 한다.

보시의 공덕

| 숫따니빠따 3편 5 |

마가라는 브라흐민 청년이 부처님께 이렇게 말하였다.

"고따마 존자님, 저는 시주하는 사람입니다. 저는 보시를 하고 재정적으로 후원을 하며 다른 사람들의 요청에 귀를 잘 기울이는 사람입니다. 저는 올바르게 재물을 벌어서 많은 사람들에게 이익을 나누어 줍니다. 고따마

존자님, 저의 이와 같은 보시는 많은 공덕을 쌓게 될까요?" [21]

"그렇습니다. 젊은 브라흐민이여, 누구든지 남에게 관대하게 대하고, 구하는 사람에게 귀를 기울이고, 남에게 너그럽게 베풀면 많은 공덕을 얻게 됩니다."

자애를 발전시키고 연마하면

| 앙굿따라 니까야 11부 16 |

자애를 발전시키고 연마하고, 근본으로 삼고, 굳건히 실천하면 열한 가지 이익을 얻는다.

- 편안하게 잠이 들고
- 편안하게 잠에서 깨어난다.
- 악몽을 꾸지 않는다.

• • • • • • • •
21) 달마대사가 양무제에게 보시한 공덕이 없다고 대답한 것은 물론 보시했다는 아상을 경계하기 위한 것이겠지만, 그러나 부처님 대답과 비교하면 상당한 차이가 있다. 부처님의 사유방식은 미루어 넘겨짚어 대답하는 일이 없고, 항상 현실을 직시하는, 있는 그대로의 대상을 꿰뚫는, 간단명료하고 타당한 답변을 주셨다.

- 사람들로부터 사랑을 받는다.
- 사람 이외의 것들로부터 사랑을 받는다.
- 신들이 보호한다.
- 불이나, 독이나, 무기가 해치지 못한다.
- 쉽게 마음집중을 할 수 있다.
- 안색이 밝다.
- 죽을 때 혼미하지 않고 맑은 정신으로 죽는다.
- 아라한이 되지 못하면 브라흐마 세계에 태어난다.

으뜸가는 보시

| 담마빠다 |

모든 보시 가운데 부처님 가르침의 보시가 으뜸이요
모든 맛 가운데 부처님 가르침의 맛이 으뜸이요
모든 즐거움 가운데 부처님 가르침의 즐거움이 으뜸
이다. (354)

자신을 사랑하는 사람은 남을 해쳐서는 안 된다

| 상윳따 니까야: 3 꼬살라 상윳따 1:8 |

빠세나디왕은 말리까 왕비에게 이렇게 말하였다.

"말리까, 누군가 그대 자신보다 더 소중한 사람이 있소?"

"대왕님, 나 자신보다 더 소중한 사람은 없습니다. 대왕께서는 누군가 자기 자신보다 더 소중한 사람이 있습니까?"

"나도 마찬가지요. 말리까, 누군가 나 자신보다 더 소중한 사람은 없소."

그리고 나서 빠세나디왕은 누각에서 내려와 부처님이 계신 곳으로 갔다. 그리고 말리까 왕비와의 대화 내용을 말씀드렸다. 부처님은 그 이야기를 들으시고 이렇게 게송으로 말씀하셨다.

당신의 마음이 천지사방으로 다 돌아다녀도

어디서도 자기 자신보다 더 소중한 것을 찾지 못하듯
다른 사람에게도 자기 자신은 소중하기 때문에
자기 자신을 사랑하는 사람은
남을 해쳐서는 안 됩니다.

밤늦도록 가르치시다

| 상윳따 니까야: 35 사라야따나 상윳따 243 |

어느 때 부처님께서는 사꺄 사람들이 사는 곳의 까삘
라왓투의 니그로다 승원에 계셨다. 그때 사꺄 사람들은
새로 회당을 지었는데 아직 어떤 사문이나 브라흐민 또
는 어떤 사람도 사용하지 않았다. 까삘라왓투의 사꺄 사
람들은 부처님께 와서 예를 올리고 한쪽에 앉아 이렇게
말씀드렸다.

"부처님, 새 회당이 이제 막 완성되었습니다. 그리고
아직 어떤 사문도 브라흐민도 어떤 사람도 사용하지 않
았습니다. 부처님께서 회당을 처음으로 사용해 주십시
오. 부처님께서 회당을 처음으로 사용하신 후에 저희들

이 사용하겠습니다. 그러면 저희들에게 오랫동안 이익과 행복이 있을 것입니다."

이에 부처님은 침묵으로 허락하셨다. 그들은 부처님이 허락하신 것을 알고 자리에서 일어나 부처님께 예를 올리고 오른쪽으로 돌아 새 회당으로 갔다. 그리고 새 회당 바닥에 자리를 깔고, 방석과, 큰 물 항아리를 준비하고, 기름 등을 걸었다. 이런 준비가 다 끝났을 때 그들은 부처님께 알렸다.

부처님은 가사를 입고 발우를 들고 많은 비구들과 함께 새 회당으로 가셨다. 부처님은 발을 씻으신 후[22] 회당에 들어가셔서 가운데 기둥을 뒤로하고 동쪽을 향하여 앉으셨다. 비구들도 또한 발을 씻은 후 회당에 들어가서 서쪽 벽을 뒤로하고 동쪽을 향하여 부처님 뒤에 앉았다. 까뻴라왓투의 사꺄족들도 또한 발을 씻은 후 회당에 들어가서 동쪽 벽 앞에 서쪽을 향하여 부처님을 마주보고 앉았다.

••••••••
22) 그 당시 신발 없이 맨발로 다녔기 때문에 모두 발을 씻는다.

부처님은 밤늦게까지 이들에게 훌륭한 법문으로 가르치시고, 간곡히 권고하고 격려하고 기쁘게 하셨다. 부처님은 그들에게 말씀하셨다.

"밤이 깊었소. 고따마들이여,[23] 갈 때가 된 것 같소."

그들은 자리에서 일어나 부처님께 예를 올리고 부처님의 오른쪽으로 돌아 떠나갔다.

사꺄 사람들이 돌아간 후, 부처님은 마하목갈라나 존자에게 이렇게 말씀하셨다.

"비구 승가는 태만과 무기력에서 벗어났다. 목갈라나여, 비구들에게 가르침을 설하여라. 나는 등이 아프구나. 등을 좀 펴야겠다."

그래서 마하목갈라나 존자는 비구들을 위하여 훌륭한 가르침을 설하였다.

●●●●●●●●

23) 고따마(Gotama): 사꺄족의 성. 경전에서는 부처님을 지칭하여 '고따마'라고도 함. 여기서는 사꺄족 사람들을 말함.

네 가지 무량한 마음

| 맛지마 니까야: 40 쭐라앗사뿌라 경 9-13 |

"어떻게 수행자에게 합당한 길을 연마하는가?"

자애로 물든 마음으로 한쪽 방향, 두 번째 방향, 세 번째 방향, 네 번째 방향, 위와 아래와 주위와 모든 곳에 빠짐없이 가득 채우면서 머문다. 증오와 악의 없이 무한, 광대하고 자애로 물든 무량한 마음으로 그를 둘러싸고 있는 온 세상을 가득 채우면서 머문다.

자비로 물든 마음으로 한쪽 방향, 두 번째 방향, 세 번째 방향, 네 번째 방향, 위와 아래와 주위와 모든 곳에 빠짐없이 가득 채우면서 머문다. 증오와 악의 없이 무한, 광대하고 자비로 물든 무량한 마음으로 그를 둘러싸고 있는 온 세상을 가득 채우면서 머문다.

함께 기뻐함으로 물든 마음으로 한쪽 방향, 두 번째 방향, 세 번째 방향, 네 번째 방향, 위와 아래와 주위와 모든 곳에 빠짐없이 가득 채우면서 머문다. 증오와 악의 없이 무한, 광대하고 함께 기뻐함으로 물든 무량한 마음으로 그를 둘러싸고 있는 온 세상을 가득 채우면서 머문다.

평정으로 물든 마음으로 한쪽 방향, 두 번째 방향, 세 번째 방향, 네 번째 방향, 위와 아래와 주위와 모든 곳에 빠짐없이 가득 채우면서 머문다. 증오와 악의 없이 무한, 광대하고 평정으로 물든 무량한 마음으로 그를 둘러싸고 있는 온 세상을 가득 채우면서 머문다.

부모님의 은혜를 갚는 길

| 앙굿따라 니까야 2부 4:2 |

사람들이 은혜를 갚아도 갚아도 다 갚지 못하는 두 분이 있다고 나는 말한다. 그 두 분은 바로 어머니와 아버지이다. 한쪽 어깨에는 어머니를 다른 한쪽 어깨에는 아버지를 모시고 이렇게 하면서 백 년을 산다 해도, 이렇게 하면서 백 세까지 간다하더라도, 그리고 연고를 발라

드리고, 안마를 해드리고, 목욕을 시켜드리고, 팔 다리를 주물러 드리고, 대소변을 받아낸다 하더라도 부모님의 은혜는 다 갚지 못한다.

설령 부모님을 칠보로 가득한 이 지구의 최고 통치자로 모신다 해도 부모님의 은혜는 다 갚을 수 없다. 왜 그럴까? 부모님은 자식들을 위하여 그보다 더 많은 것을 하시기 때문이다. 부모님은 자식을 기르고, 음식을 먹이고, 이 세상을 안내하여 주시기 때문이다.

그러나 무엇보다도 더 훌륭한 효도는 믿음이 없는 부모님에게는 믿음을 심어드리고, 그 믿음이 확고히 정착되도록 하며, 부도덕한 부모님은 격려하여 계행 속에 살도록 돕고, 그 계행을 확고히 정착되도록 하며, 인색한 부모님은 격려하여 너그러운 마음을 심어드리고, 그 너그러운 마음이 확고히 정착되도록 하며, 어리석은 부모님에게는 지혜를 심어드리고, 그 지혜가 확고히 정착되도록 해야 한다. 바로 이렇게 하는 사람이 진정으로 부모님의 은혜를 갚는 사람이다.

이런 사람은 부모님에게 갚아야 하는 것보다 더 많은 것을 갚는 사람이다.

항상 어른을 공경하라

| 담마빠다 |

항상 어른을 존경하고 공경하는 사람에게
장수와 아름다움과 행복과 강건함,
이 네 가지 축복이 늘어난다. (109)

아들에게 버림받은 대부호

| 상윳따 니까야: 7 브라흐마나 상윳따 2:4 |

어느 때 부처님은 사왓티에 계셨다. 그때 어떤 대부호 브라흐민이 낡고 해진 옷을 입고 부처님을 찾아왔다. 부처님께서 물으셨다.

"브라흐민이여, 그대는 왜 그렇게 초라하고 낡고 해진 옷을 입고 있소?"

"고따마 존자님, 나의 네 명의 아들들이 아내들의 부추김에 넘어가서 나를 쫓아냈습니다."

"그러면 브라흐민이여, 당신의 아들들이 많은 사람들과 함께 모여 있는 장소에 가서 다음과 같은 시를 읊으시오."

그들의 탄생을 나는 기뻐했고,
그들의 성공을 나는 빌었지,
그러나 그들은 아내의 부추김에 넘어가서,
개가 돼지를 쫓아내듯 나를 쫓아냈네.

비록 나를 아버지, 사랑하는 아버지라 부르지만,
이 나쁜 자들은 사실 비열한 자일세.
아들의 가면을 쓴 마귀들이
내가 늙어가니 나를 버리네.

쓸모 없는 늙은 말이
여물도 못 먹고 쫓겨나듯
어리석은 자식들의 늙은 아비는
다른 이의 집에서 밥을 비네.

불효한 자식들보다
지팡이가 내겐 더 나은 것일세.
지팡이로 사나운 황소도,
사나운 개도 쫓아낸다네.

어둠 속에서 내 앞에 가고
웅덩이에서 나를 붙잡아 주지.
이런 지팡이의 자비로운 힘으로
걸려 넘어져도 다시 일어나네.

대부호 브라흐민은 부처님 앞에서 이 시를 잘 외워서 그 아들들이 많은 사람들과 함께 모여 있는 장소에 가서 큰 소리로 읊었다. 이것을 듣고 아들들은 뉘우치는 마음이 일어 아버지를 집으로 모시고 가서 목욕을 시켜드리고 편안하게 모시게 되었다.

쫄라빤타까 비구 이야기 [24]

| 테라가타 557-566 주석, 담마빠다 게송 25 주석 |

라자가하의 한 금융업자에게 마하빤타까와 쫄라빤타까라는 손자가 있었다. 마하빤타까는 가끔 할아버지와 함께 부처님 말씀을 듣곤 하였다. 그는 부처님께 출가하기를 열망하여 비구가 되어 열심히 수행 정진하여 아라한이 되었다.

그는 수행의 성취와 명상의 기쁨 속에서 살고 있었다. 그는 이런 기쁨을 동생 쫄라빤타까에게도 주고 싶었다. 그래서 쫄라빤타까도 부처님께 출가하게 되었다. 출가한 지 얼마 안 되어 형은 쫄라빤타까가 정신적으로 둔하다는 것을 알게 되었다. 한 개의 게송을 배우려고 애쓰는 데에 넉 달이나 걸렸다. 또 공부를 하는 동안에 그는 이미 배운 것을 잊어버리기 일쑤였다.

그래서 마하빤타까는 동생에게 말하였다.

---

24) 이 이야기는 부처님의 자비를 잘 보여주는 가르침이기 때문에 주석이지만 여기에 실음. 이것과 끼사 고따미 두 가지만 주석서에서 가져옴.

"쭐라빤타까, 너는 더 이상 이 승단에 있을 수가 없다. 넉 달 동안 한 게송도 숙달하지 못하잖아! 그러니 어떻게 성숙한 비구로 살 수 있겠느냐. 이 승원을 떠나거라."

그래서 동생을 쫓아냈다. 그러나 쭐라빤타까는 부처님 가르침에 대한 열망으로 가정생활은 염두에도 없었다.

하루는 [부처님의 주치의] 지와까 꼬마라밧짜가 부처님과 500명의 비구들을 공양에 초대하고자 책임자 마하빤타까 비구에게 요청하였다. 그런데 그는 동생인 쭐라빤타까는 빼놓았다. 이튿날 이른 아침 쭐라빤타까는 너무 슬퍼서 승단을 떠나려고 나가다가 부처님을 만났다. 부처님께서 말씀하셨다.

"쭐라빤타까, 이렇게 일찍이 어디로 가고 있느냐?"

"부처님, 제 형이 저를 쫓아냈습니다. 그래서 승단을 떠나려고 합니다."

"쭐라빤타까, 너를 승단에 받아들이는 것은 내가 하는 일이다. 네 형이 그렇게 말할 때 왜 나를 찾아 오지 않았느냐? 재가생활로 돌아가면 무슨 좋은 일이 있겠느냐? 승원에 머물도록 하여라."

부처님은 그의 머리를 만지시면서 그를 데리고 승원으

로 가셔서 위로하시면서 깨끗한 천 조각을 주시면서 말씀하셨다.

"쭐라빤타까, 동쪽을 보고 앉아서 '더러움 제거, 더러움 제거(라조하라낭, 라조하라낭: Rajoharanaṁ)' 하고 계속 외우면서 이 천 조각을 문질러라."

그래서 쭐라빤타까는 동쪽의 태양을 보고 앉아서 계속해서 '더러움 제거, 더러움 제거' 하면서 천을 문질렀다. 오래지 않아 깨끗하던 천이 점점 더러워졌다. 그래서 그는 생각하기를, '이 천 조각은 매우 깨끗했지만 내가 문지름에 따라 원래의 모습이 변하여 더러워졌다.' 이렇게 그는 '인연 따라 생긴 것들은 참으로 무상하다.'는 생각을 되새겼다. 그리고 그는 시들고 무너지는 무상의 이치와 정신적인 통찰력의 강화에 그의 마음을 집중하였다.

부처님은 그의 공부가 진전됨을 아시고 그에게 말씀하셨다.

"더럽게 되는 것은 천 조각만이 아니다. 사람 안에는 탐욕의 더러움이 있고, 성냄의 더러움이 있고, 어리석음의 더러움이 있다. 이런 더러움을 제거해야 수행의 목표를 이룰 수 있고 깨달음을 성취할 수 있다.”

쭐라빤타까는 부처님의 말씀을 받아 지니고 마음 집
중의 명상을 계속하였다. 오래지 않아 그는 아라한의 경
지에 도달하였다. 이와 같이 그의 우둔함은 소멸되었다.

한편 부처님과 비구들은 지와까의 공양 초대로 그의
집에 앉아 있었다. 이제 막 공양을 올리려 하는데 부처
님은 잠깐만 기다리라고 하시면서 승원에 사람을 보내
어 누구라도 있거든 데려오라고 하였다. 그래서 쭐라빤
타까를 데리고 와서 모두 함께 공양을 하였다. 공양이
끝난 후 부처님께서는 쭐라빤타까에게 승원을 대표하여
공양에 대한 감사의 말을 하라고 하셨다. 쭐라빤타까는
마치 어린 사자처럼 큰 소리로 용맹스럽고 자신감 있게
모든 경전을 아우르는 법문을 하였다.[25]

• • • • • • • • •
25) 이때 그는 18세였다고 한다. 부처님의 따뜻한 자비심과 훌륭한 가르침
으로 그는 용기백배하여 깨달음을 얻고 열심히 정진하여 삼장(三藏)의
의미를 통달하였다고 함. 부처님과 제자들은 재가자들의 청으로 공양을
받은 경우, 식후에 공양 올린 사람들을 위하여 축복의 말씀을 하셨다.
이 전통은 그대로 상좌불교에 내려와 그들은 빠알리 경전에서 빠알리어
그대로 게송을 합송한다.

우둔한 쫄라빤타까, 깨달음을 얻다

| 테라가타 557-566 |

나는 우둔했다. 우둔했으므로 수행의 진척은 더뎠다. 나는 멸시당하였다.

형은 나를 쫓아냈다.

"지금 집으로 가버려!"라고 말하면서. (557)

쫓겨난 나는 부처님의 가르침을 열망하면서 풀이 죽어 승원의 문 가에 서 있었다. (558)

부처님은 거기에 오셔서 내 머리를 만지시고 손을 잡으시고 승원으로 데리고 가셨다. (559)

부처님은 자비로움으로 깨끗한 천을 주시면서 말씀하셨다.

"이 깨끗한 천에 마음을 집중해 보아라." (560)

가르치심을 듣고 기쁘게 가르침에 머물렀다.

최상의 목표를 성취하기 위해 마음 집중 수행을 하였다. (561)

나는 세 가지 지혜를 얻었다.

부처님의 가르침은 성취되었다. (562)

나는 훌륭한 망고 숲에 앉아 있었다.

때를 알릴 때까지 (563)

스승은 때를 알리는 사람을 보내셨다.

나는 스승께 나아갔다. (564)

부처님 발에 예경하고 한쪽에 앉았다.

앉아 있는 나를 보시고 스승은 나를 받아주셨다. (565)

온 세상의 모든 공양을 받으시는 분 인류의 복전이신 스승은 나도 받아주셨다. (566)

제3편

늙음 · 병듦 · 죽음 · 슬픔 · 한탄에 빠진
이들에게 주는 가르침

죽을 때 무얼 가지고 가는가

| 상윳따 니까야: 3 꼬살라 상윳따 1:4 |

자기 자신이 사랑스럽다면 악으로 자신에게 멍에를 씌우지 말라. 악을 행하는 사람에게 행복은 쉽게 얻어지지 않는다.

죽음의 신에게 잡힐 때, 목숨을 버려야 하는데 정말로 내 것이라고 할 것이 있는가? 죽을 때 무얼 가지고 가는가?

그림자가 항상 따라다니듯 무엇이 그 사람을 따라다닐까?

선행과 악행, 이 두 가지야말로 진정으로 자기 자신이 지은 것으로 자기의 것이다. 죽을 때 이것을 가지고 간다.

마치 그림자가 항상 따라다니듯 항상 이것이 따라다닌다.

그러므로 사람은 선행을 닦아야 한다.

선행은 저 세상에서 든든한 후원자다.

내 것이라 할 것이 있는가?

| 담마빠다 |

'내 아들인데, 내 재산인데' 하면서
어리석은 자는 괴로워한다.
참으로 자신도 그의 소유가 아닌데
어찌 아들이나 재산이 그의 소유겠는가. (62)

늙음과 죽음이 덮칠 때 해야 할 일

| 상윳따 니까야: 3 꼬살라 상윳따 3:5 |

빠세나디왕은 부처님을 찾아와서 왕으로서 해야 할
일과 세속적인 분주함에 대하여 이야기하였다. 이에 부
처님은 왕에게 물었다.

"대왕님, 이것을 아셔야 합니다. 늙음과 죽음이 대왕
님을 덮치고 있습니다. 늙음과 죽음이 덮치고 있는데 무
엇을 해야 하겠습니까?"

"부처님, 늙음과 죽음이 덮칠 때에 해야 할 일은 담마에 따라 사는 것, 올바르게 사는 것, 착한 일을 하고 공덕을 쌓는 것 이외에 다른 무엇이 있겠습니까?"

"그렇습니다, 대왕님. 늙음과 죽음이 닥칠 때 해야 할 일은 담마에 따라 사는 것, 바르게 사는 것, 그리고 착하게 사는 것과 공덕을 쌓는 것 이외에 다른 무엇이 있겠습니까?"

이어서 부처님은 게송으로 말씀하셨다.

하늘을 찌를 듯한 거대한 바위산이

사방에서 산을 뭉개면서 다가오는 것처럼

늙음과 죽음은 그렇게

살아 있는 모든 것들에게 덮쳐온다네.

왕족, 브라흐민, 상인, 노예, 천민, 청소부,

누구를 막론하고 모든 것을 뭉개버리네.

코끼리 부대, 전차 부대, 보병 부대로도 막을 수 없고

속임수로도 꺾을 수 없고

재물로도 매수할 수 없다네.

그러므로 지혜로운 이는
자신을 위하여 확고한 마음으로
붓다, 담마, 승가에 믿음을 둔다네.

생각과 말과 행동으로 가르침을 실천하는 사람,
이런 사람이야말로 이 세상에서도 칭찬 받고
죽은 후 좋은 곳에서 즐긴다네.

모든 것은 죽은 후 남겨질 뿐

| 숫따니빠따 4편 6: 804-812 |

참으로 인생은 짧구나!
백 년도 못되어 죽다니,
조금 더 오래 산다한들
늙어 죽기는 마찬가지. (804)

사람들은 '나의 것'이라는 집착 때문에 슬퍼한다. 그
러나 집착할 영원한 것은 없다. 이 이치를 안다면 집착

의 삶에서 벗어나 수행자의 길을 가라. (805)

'이것은 내 것이야!'라고 하며 집착하는 것, 그것들은 모두 죽은 뒤에 남겨질 뿐. 바른 길을 가는 지혜로운 사람이라면 이런 사실을 깨닫고 내 것이라는 집착을 버려야 한다. (806)

잠을 깬 사람이 꿈속에서 본 사람을 다시 볼 수 없듯이, 사랑하는 사람도 죽으면 다시 볼 수 없다. 생전에는 '아무개' 하면 그를 직접 볼 수 있었고 목소리를 들을 수 있었지만, 그러나 죽고 나면 그의 이름만 남겨질 뿐이다. (807, 808)

내 것에 집착하는 탐심이 많은 사람은 슬픔과 한탄과 인색함을 버리지 못한다. 그러나 성자들은 안온을 보기 때문에 소유를 버리고 유행한다. (809)

집착을 떠난 성자는 어디에도 머무르지 않고 좋아하지도 않고 싫어하지도 않는다. 마치 연꽃잎에 물방울이 묻지 않고 구르듯이, 슬픔과 인색함도 그를 더럽힐 수 없다. (811)

마치 연꽃잎에 물방울이 묻지 않고 구르듯이, 또는 연꽃이 더러운 물에 더럽혀지지 않듯이, 성자는 그가 보고 듣고 인식한 어떤 것에도 더럽혀지지 않는다. (812)

사랑도 미움도 없는 사람

| 담마빠다 |

사랑하는 사람과 사귀지 말라.
사랑하지 않는 사람과도 사귀지 말라.
사랑하는 사람은 보지 못함이 괴로움이며
사랑하지 않는 사람은 보는 것이 또한 괴로움이다. (210)

그러므로 사랑하는 사람을 만들지 말라.
사랑하는 사람과 헤어짐은 참으로 괴롭다.
사랑하는 사람도 사랑하지 않는 사람도
없는 사람들에게는 얽매임이 없다. (211)

사랑에서 슬픔이 생기고
사랑에서 두려움이 생긴다.
사랑에서 온전히 벗어난 사람은
슬픔이 없는데 어찌 두려움이 있으랴. (212)

죽은 아들은 어디로 갔나

| 테리가타 127-132 빠따짜라 장로 비구니 |

[아들을 잃고 슬픔에 빠져 헤어나지 못하는 여인이 빠따짜라 장로 비구니를 찾아와 슬픈 이유를 말하였다. 이에 빠따짜라 장로 비구니는 이렇게 그들의 슬픔을 제거하였다.]

그대는 '내 아들아!' 하면서 울부짖는다.

그러나 그대는 그 아이가 어디서 왔는지

어디로 가는지 그 오고 간 길을 알지 못한다. (127)

존재하는 모든 것들은 이와 똑같다.

아이가 어디서 왔는지 어디로 가는지

알 수 있다면 슬픔은 사라질 것이다. (128)

아이는 청하지도 않았는데 왔고 허락하지도 않았는데 떠나갔다.

그는 어딘가로부터 와서 잠깐 동안 머물렀을 뿐이다. (129)

그는 하나의 길을 따라 왔다가 다른 길로 떠나갔다

그는 인간으로 죽어 윤회의 길을 갈 것이다.

그는 이렇게 왔고 이렇게 갔는데 울 일이 있겠느냐? (130)

당신은 내 가슴속에 숨겨져 있던 내 아들에 대한 슬픔
의 화살을 뽑아 주셨습니다.

당신은 그것을 밀어 버렸고 슬픔은 가버렸습니다. (131)

오늘 나는 화살을 뽑아냈고 나의 갈증은 고요해져 온
전한 평온에 이르렀습니다.

나는 부처님께 귀의합니다.

가르침에 귀의합니다.

승가에 귀의합니다. (132)

슬픔의 화살을 뽑아버린 사람

| 숫따니빠따 3편 8: 살라 수따 574-593 |

사람의 목숨은 예측할 수 없으며 아무도 모른다. 이
세상의 삶은 짧고, 이 세상의 삶은 어렵고, 이 세상의 삶
은 괴로움으로 묶여 있다. (574)

태어난 존재들은 모두 죽는다. 죽음에서 벗어날 길은

없다. 누구든지 죽게 된다. 이것이 존재하는 것들의 길이다. (575)

과일이 익으면 어느 날 떨어진다. 이와 마찬가지로 태어난 존재들은 언젠가는 죽음에 떨어져야 하는 두려움이 따라다닌다. (576)

마치 옹기로 만든 그릇이 마침내 부서져 버리듯이 인생도 이와 같다. (577)

젊은이도 늙은이도 지혜로운 이도 어리석은 이도 모두 다 죽음의 지배하에 있게 된다. 모든 존재들의 종착역은 죽음이다. (578)

그들은 죽음에 굴복하여 저 세상으로 가지만, 아버지도 아들을 구할 수 없고 가족이나 친척도 어쩔 도리가 없다. (579)

보라, 친척들이 슬퍼하면서 보고 있지만, 도살장으로 끌려가는 소처럼 한 사람씩 한 사람씩 끌려간다. (580)

이렇게 세상 사람들은 늙음과 죽음으로 고통당한다. 이런 이치를 아는 지혜로운 이는 슬퍼하지 않는다. (581)

어디서 왔다가 어디로 가는지 그대는 그 길을 알지 못한다. 그 양 끝을 보지 못하는데도 그대는 헛되이 슬퍼

한다. (582)

슬퍼한다고 해서 아무것도 얻는 것이 없다. 그것은 자신의 몸을 해치는 바보일 뿐이다. 슬퍼한다고 해서 무슨 이득이 생긴다면 지혜로운 사람들은 그렇게 할 것이다. (583)

울고 슬퍼한다고 마음의 평안이 오지 않는다. 오히려 더 큰 고통이 오고 몸만 해칠 뿐이다. (584)

슬퍼하는 사람은 창백하게 점점 야위어간다. 이것은 자신을 해치는 행위이다. 슬퍼한다고 죽은 사람을 살릴 수도 없다. 그러므로 슬퍼하고 한탄하는 것은 헛된 일이다. (585)

슬픔을 버리지 않으면 고통 속으로 점점 더 깊이 빠져들어 간다. 이미 죽은 사람 때문에 울부짖는 것은 슬픔의 손아귀에 잡힌 것이다. (586)

과거의 업에 따라 살고 있는 사람들을 보라. 그들은 죽음에 붙잡혀 있다. 그 사실을 알 때 그들은 전율한다. (587)

기대하는 것과 실제로 일어나는 일은 항상 다르다. 죽은 자의 이별도 이러하다. 그러므로 이런 세상의 이치를 마땅히 보라. (588)

사람이 백 년을 살거나 혹은 그 이상을 살더라도 마침내는 사랑하는 친척들과 헤어져 이 세상을 떠나게 된다. (589)

그러므로 훌륭한 사람이 슬픔을 버린 것처럼, 가르침을 잘 듣고 배워서 죽은 사람을 보더라도 슬퍼하거나 울지 말고 '다시는 저 사람을 볼 수 없구나'라고 새겨야 한다. (590)

마치 집에 불이 나면 물로 꺼버리듯이, 지혜롭고 훌륭한 사람은 마치 바람이 목화솜털을 날려버리듯이, 슬픔이 일어나면 즉시 그것을 날려버린다. (591)

자신의 행복을 추구하는 사람이라면, 자기 자신에게 꽂혀 있는 한탄의 화살, 욕망의 화살, 슬픔의 화살을 뽑아버려야 한다. (592)

한탄과 욕망과 슬픔의 화살을 뽑아버린 사람, 모든 집착을 버린 사람, 그래서 마음의 평화를 얻은 사람은 모든 슬픔을 초월해 있다. 그는 슬픔에서 벗어나 열반에 이른다. (593)

죽음에 대한 마음챙김 수련

| 앙굿따라 니까야 8부 74 |

죽음에 대한 마음챙김을 닦아라. 만일 죽음에 대한 마

음챙김을 발전시키고 연마하면 크나큰 결실과 이익을 가져온다. 어떻게 죽음에 대한 마음챙김을 발전시키는가?

날이 저물어 밤이 되었을 때 다음과 같이 성찰하여야 한다.

"여러 가지 것들이 나의 죽음을 가져올 수도 있다. 뱀, 전갈, 지네 등에 물려서 죽을지도 모른다. 그것들은 나에게 장애가 될지도 모른다. 걸려서 넘어질 수도 있고, 먹은 음식이 탈이 날 수도 있고, 담즙이 문제를 일으킬 수도 있고, 가래가 나와 괴롭히든가, 꿰찌르는 것과 같은 몸 안의 바람 기운이 나의 건강에 불편을 가져올지도 모른다. 사람의 공격을 받을 수도 있다. 그래서 나는 죽을 수도 있을 것이다. 이런 것들은 장애가 될지도 모른다."

그리고 좀더 깊이 자신을 성찰해 보아야 한다.

"오늘 밤 내가 죽는다면 아직도 나에게 장애가 될 바람직하지 못한 악함을 품고 있지는 않는가?"

만일 자신에게서 아직도 바람직하지 못한 악함이 있음을 발견했다면, 이것들을 버리기 위하여 마음챙김과 선명한 알아차림과 강한 결단심과 모든 노력과 힘을 기울여야 한다.

마치 머리에 불이 붙은 사람이 그 불을 끄기 위하여 온갖 노력과 힘을 기울이는 것처럼, 자신의 나쁜 자질을 버리도록 온갖 노력과 힘을 기울여야 한다.

만일 성찰해 보아도 자신에게서 바람직하지 못한 어떤 악함도 발견하지 못하였다면, 그는 밤이고 낮이고 항상 선하고 착한 것들을 실천하도록 노력하면서 기쁨 속에 머물 것이다.

이와 같이 죽음에 대한 마음챙김을 발전시키고 연마하는 사람은 크나큰 결실과 이익을 얻는다.

육체적인 괴로움을 극복하는 사람

| 상윳따 니까야: 36 웨다나 상윳따 4 |

가르침을 듣지 못한 범부는 이렇게 말한다.

"큰 바다에는 끝없이 깊은 구렁이 있다."

그러나 그런 말은 무언가 있지도 않고 발견될 수도 없는 것을 지레 짐작한 말이다. '끝없이 깊은 구렁'이라는 말은 사실 육신의 괴로움을 가리키는 말이다.

가르침을 듣지 못한 범부는, 육체적인 괴로움을 당하면 슬퍼하고 한탄하고 울고 가슴을 치고 산란과 혼란 속에 빠진다. 이런 사람은 끝없는 깊은 구렁에서 올라오지 못한 사람이며 견고한 발판을 얻지 못한 사람이라고 부른다.

그러나 가르침을 받은 훌륭한 사람들은, 육체적인 괴로움을 당해도 슬픔에 빠지지 않고 한탄하지 않고 울지 않고, 가슴을 치고 통곡하지 않고 산란과 혼란 속에 빠지지 않는다. 이런 사람은 깊은 구렁 속에서 올라온 사람이며 견고한 발판을 얻은 사람이라고 부른다.

괴로운 느낌을 참아 내지 못하는 사람은
생명을 해치는 육체적 [고통의] 느낌이
그를 엄습할 때 그는 전율한다.

큰 소리로 울고,
울부짖는 사람은 기운 없는 병약자가 되어
끝없이 깊은 구렁에서 헤어나지 못하고
견고한 발판을 얻지 못한다.

그러나 괴로운 느낌을 참아 내는 사람은

생명을 해치는 육체적 [고통의] 느낌이 그를 엄습해도

그는 전율하지 않으며

끝없이 깊은 구렁에서 솟아오르며

견고한 발판을 얻는다.

무상에 대한 선인의 가르침

| 앙굿따라 니까야 7부 70 |

옛날에 아라까라는 교단의 지도자가 살았는데 그는 감각적 쾌락에서 벗어난 사람이었다. 그는 수백 명의 제자들이 있었고 그들에게 이렇게 가르쳤다.

"인생은 짧다. 오! 브라흐민들이여, 우리의 삶은 제한돼 있고 보잘것없고 괴로움과 절망으로 가득 차 있다. 진리를 깨달아라! 선을 행하라! 청정한 삶을 살아라! 태어난 것들에게 불멸이란 없다.

마치 풀잎 끝의 이슬방울이 해가 뜨면 재빨리 말라 잠시도 가지 않듯이, 우리의 삶도 또한 이슬방울과 같다.

마치 큰 빗방울이 떨어져 물거품이 생겼다가 순식간에 사라져 버리듯이, 우리의 삶도 또한 물거품과 같다.

마치 물위에 막대기로 그은 선이 긋자마자 사라져 버리듯이, 우리의 삶도 또한 물위에 그은 선과 같다.

마치 계곡의 물이 재빨리 흘러 모든 것을 휩쓸어 잠시도 머물지 않고 소용돌이치며 흐르듯이, 우리의 삶도 또한 산의 계곡 물과 같다.

이와 같이 사람의 삶은 이슬과 같고, 물거품 같고, 물위에 그은 선과 같고, 산의 계곡 물과 같다. 인생은 짧고 제한돼 있고 보잘것 없고 괴로움과 절망으로 가득 차 있다. 진리를 깨달아라! 선을 행하라! 청정한 삶을 살아라! 태어난 것들에게 불멸이란 없다."

이렇게 아라까 스승은 말하였다.

늙음, 병듦, 죽음을 대하는 두 가지 태도

| 앙굿따라 니까야 5부 48 |

이 세상 어느 누구에 의해서도 얻을 수 없는 다섯 가

지 상태가 있다. 무엇이 다섯 가지인가?

- 늙기 마련인 것이 늙지 않기를!
- 병들기 마련인 것이 병들지 않기를!
- 죽기 마련인 것이 죽지 않기를!
- 허물어지기 마련인 것이 허물어지지 않기를!
- 끝나기 마련인 것이 끝나지 않기를!

이 다섯 가지는 이 세상의 어느 누구에 의해서도 얻을 수 없다.

가르침을 모르는 범부에게 늙음, 병듦, 죽음, 허물어짐, 끝남이 온다. 그에게 늙음, 병듦, 죽음, 허물어짐, 끝남이 올 때 그는 이렇게 깊이 생각하지 않는다.

'나에게만 이런 것들이 오는 것이 아니라 모든 사람에게 이런 것들은 다 온다. 오고 감이 있는 곳에는 어디든지, 그리고 죽음과 탄생이 있는 곳에는 어디든지 온다. 만일 이런 것들이 올 때 슬퍼하고 한탄하고 울부짖고 가슴을 치고 혼란함에 빠져버리면, 밥맛도 없고 몸은 추하게 되고 일에 게으르게 되고 적들은 기뻐할 것이고 친구들은 슬퍼할 것이다.'

이렇게 숙고하지 않기 때문에 이런 것들이 올 때 그는 슬퍼하고 초췌해지고 울부짖고 가슴을 치고 산란함에 빠진다.

이런 사람을 일러 가르침을 모르는 범부라고 부른다. 그는 슬픔의 독화살을 맞은 사람으로 자기 자신을 괴롭힐 뿐이다.

그러나 가르침을 아는 훌륭한 제자에게 늙음, 병듦, 죽음, 허물어짐, 끝남이 온다. 그에게 늙음, 병듦, 죽음, 허물어짐, 끝남이 올 때 그는 이렇게 숙고한다.

'나에게만 이런 것들이 오는 것이 아니라 모든 사람에게 이런 것들은 다 온다. 오고 감이 있는 곳에는 어디든지, 그리고 죽음과 탄생이 있는 곳에는 어디든지 온다. 만일 이런 것들이 올 때 슬퍼하고 한탄하고 울부짖고 가슴을 치고 혼란함에 빠져버리면, 밥맛도 없고 몸은 추하게 되고 일에 게으르게 되고, 적들은 기뻐할 것이고 친구들은 슬퍼할 것이다.'

이렇게 생각하고 이런 것들이 올 때 슬퍼하거나 한탄하지 않고 울부짖지 않고 가슴을 치지 않고 산란함에 빠지지 않는다.

이런 사람을 일러 가르침을 아는 훌륭한 제자라고 부른다. 그는 슬픔의 독화살을 뽑아버린 사람이다. 슬픔도 없고 독화살도 뽑아버린 훌륭한 제자는 번뇌를 완전히 소멸한 사람이다.

도둑과 비구

| 테라가타: 아디뭇따 비구 705-724 |

[도둑이 아디뭇따 비구에게 말하였다.]

"전에 우리는 재산이 탐나서 또는 희생으로 사람들을 죽였는데 그들은 두려워서 덜덜 떨었다. 그런데 당신은 두려워하지 않고 안색은 점점 더 평안해진다. 이렇게 두려운 상황에서 당신은 왜 슬퍼하지 않는가?" (705, 706)

[비구가 말하기를]

"두목이여, 욕망이 없는 사람에게 정신적인 고통이란 없다. 진정으로 속박을 근절해 버린 사람에게 두려움이란 없다. (707)

윤회로 이끄는 길이 근절되고 이 세상을 있는 그대로 볼 때, 마치 짐을 내려놓으면 더 이상 아무것도 없는 것처럼 죽음에 대한 두려움이란 없다. (708)

청정한 삶은 성취되었고 진전되었다. 병을 완전히 소탕해버리면 아무것도 없듯이 나에게는 죽음의 두려움이란 없다. (709)

청정한 삶은 성취되었고 진전되었다. 존재란 즐거워할 것이 없음을 알았다. 그것은 마치 독을 마신 사람이 그 독을 토해버리는 것과 같은 것이다. (710)

저 언덕으로 간 사람은, 집착을 벗어난 사람은, 할 일을 마친 사람은, 번뇌에서 벗어난 사람은 목숨의 멸절을 기뻐한다. 마치 사형장에서 풀려난 사람처럼. (711)

최상의 진리를 성취하고 세상에 대한 집착이 없는 사람은 죽음을 슬퍼하지 않는다. 마치 불타는 집에서 벗어난 사람처럼. (712)

인연 따라 생겨난 것은 무엇이든지 또는 어디에 다시 태어났건 이런 모든 것들은 [변하지 않는] 자아는 없다. 이것은 위대한 성자의 말씀이다. (713)

부처님께서 가르치신 그대로 이해하는 사람은 어떤

윤회의 존재도 잡지 못한다. 마치 뜨거운 쇳덩이를 잡지 못하듯이. (714)

'나는 존재해 왔다'는 생각도 없고 나는 장차 '존재할 것이다'는 생각도 없다. 존재가 소멸할 것인데 거기에 무슨 슬픔이 있겠는가? (715)

현상의 순수하고 단순한 일어남을 있는 그대로 보는 사람에게 두려움은 없다. (716)

세상을 풀이나 나뭇조각처럼 보는 지혜로운 사람은 '나의 것'이라는 생각이 없다. 그래서 그는 '나의 것이 아니다.'라는 생각으로 슬퍼하지 않는다. (717)

나는 이 육신에 만족하지도 않으며 사는 것에 관심도 없다. 이 몸뚱이는 결국은 부서져버릴 것이고 또 다시 존재하지 않을 것이다. (718)

그대가 원한다면 내 육신을 그대 마음대로 하라. 나에게는 육신에 대한 증오도 사랑도 없다." (719)

비구의 말을 듣고 도둑들은 칼을 내려놓고 말하였다. (720)

"존자님은 무엇을 하셨기에, 스승은 누구시기에, 누구의 가르침 때문에 슬픔이 없는 경지를 얻었습니까?" (721)

"나의 스승은 모든 것을 알고 모든 것을 꿰뚫는 승리자이시다. 큰 자비의 스승, 온 세상 사람들을 치유하는 분이시다. (722)

그분은 열반으로 이끄는 위없는 도리를 가르치셨다. 그런 그의 가르침 때문에 슬픔이 없는 경지를 성취하였다."(723)

이와 같은 훌륭히 설해진 성자의 말씀을 듣고 그들은 모두 칼과 무기를 버리고, 어떤 사람은 도둑의 일에서 손을 떼고 어떤 사람은 출가를 선택하였다. (724)

죽은 아들과 끼사 고따미

| 담마빠다 게송 114 주석, 테리가타 213 주석 |

끼사 고따미는 사왓티의 부잣집 딸이었다. 고따미는 성이고 몸매가 날씬하기 때문에 끼사로 불렸다. 그녀는 부유한 젊은이와 결혼하여 아들을 낳았다. 그런데 그 아기는 아장아장 걸을 때 죽었다. 그녀는 엄청난 슬픔에 휩싸였다. 그녀는 죽은 아이를 안고 만나는 사람마다 아

이를 살릴 수 있는 약을 달라고 하였다. 사람들은 그녀가 미쳤다고 생각하게 되었다. 그런데 어떤 지혜로운 사람이 그녀의 상태를 보고는 도울 수 있을 것이라는 생각이 들었다. 그래서 그녀에게 다음과 같이 말하였다.

"당신이 만나야 할 사람은 부처님이오. 그분은 당신이 원하는 약을 가지고 있소, 그러니 그분께 가보세요."

그래서 그녀는 부처님께 찾아가서 죽은 아들을 살릴 수 있는 약을 달라고 요청하였다. 부처님께서는 말씀하셨다.

"아무도 죽은 적이 없는 집에 가서 겨자씨를 얻어 오시오."

그녀는 죽은 아이를 가슴에 안고 겨자씨를 얻기 위하여 이 집 저 집 돌아다녔다. 모든 사람들은 그녀를 도우려고 했지만 그녀는 아무도 죽은 적이 없는 집을 단 한 집도 찾을 수가 없었다.

그러자 그녀는 죽음에 당면한 것은 그녀 가정만이 아니라는 사실과, 지금 살고 있는 사람들보다 더 많은 사람들이 죽었다는 사실을 깨달았다. 이러한 사실을 깨닫자마자 그녀는 죽은 아들에 대하여 생각을 바꾸었다. 그녀는 더 이상 죽은 아들의 육신에 집착하지 않게 되었다.

끼사 고따미는 숲으로 가서 아들의 시체를 그곳에 남겨 놓았다. 그리고 부처님께 가서 사람이 죽은 적이 없는 집을 한 집도 발견하지 못하였다고 말씀드렸다. 이에 부처님은 말씀하셨다.

"고따미여, 그대는 오직 그대만이 아들을 잃어버렸다고 생각했다. 그러나 지금 그대가 깨달은 것처럼 죽음이란 모든 존재에게 오는 것이다. 욕망이 채워지기 전에 죽음은 그들을 데려간다."

부처님의 이 말씀을 듣고 그녀는 온전히 무상에 대한 깨우침을 얻었다.

끼사 고따미는 비구니가 된 지 얼마 되지 않았을 때, 어느 날 등잔에 불을 켜고 있을 때, 불꽃이 크게 일어났다가 사그라지는 것을 보고 모든 존재가 생겨났다가 사라지는 모습을 선명하게 보았다. 그녀는 모든 존재의 무상한 모습에 마음을 집중하고 열반을 체득하기 위하여 열심히 정진하였다. 드디어 끼사 고따미는 깨달음을 성취하였다.

내가 죽으면 어디로 갈까?

| 상윳따 니까야: 55 소따빳띠 상윳따 21 |

사꺄족의 마하나마가 부처님께 이렇게 말하였다.

"부처님, 이 까삘라왓투는 부유하고 번영하고 인구가 많고 길거리는 사람들로 붐빕니다. 가끔 제가 존경하올 부처님과 존자님들을 방문한 후 오후에 까삘라왓투에 들어서면 통제할 수 없이 산란한 코끼리, 말, 마차, 수레, 그리고 사람들과 마주칩니다. 그때 저에게 부처님과 가르침과 승가에 대한 마음챙김은 헝클어지고 혼란되어 이런 생각이 듭니다. '만일 내가 이 순간, 이 북새통에서 죽는다면, 내가 가는 곳이 어디일까? 나는 어디에 다시 태어날까?' 라는 생각이 듭니다."

부처님께서는 말씀하셨다.

"두려워하지 말라. 마하나마! 두려워하지 말라. 마하나마여! 설령 그대가 죽는다 해도 나쁜 죽음은 없을 것이다. 사람이 오랫동안 믿음과, 계행과, 배움과, 버림과, 지혜로 그의 마음을 수행하였을 때는, 비록 사대로 이루어진 이 물질적인 육신이 무상하게 닳아 없어지고 파괴되어 흩어진다 해도, 비록 이 육신이 사나운 짐승이나 새나 다른 생물들에게 먹힌다 해도, 오랫동안 믿음과, 계행, 배움, 버림과, 지혜로 수행하였기 때문에 그의 마음은 높이 올라 정상을 정복한다.[26]

예를 들어 어떤 사람이 기름단지를 깊은 연못에 넣어 깨트리면, 깨진 단지 조각들은 가라앉고 기름은 물위로 떠오를 것이다. 이와 마찬가지로 [오랫동안 선업을 쌓았기 때문에 죽은 후에 나쁜 곳에 가라앉지 않으며, 선한 업은 위로 떠오르며 좋은 곳으로 가게 된다.] 그대는 오랫동안 믿음과, 계행, 배움, 버림과, 지혜로 수행하였기 때문에 그대의 마음은 높이 올라 정상을 정복한다. 그러므로 두려워하지 말라. 그대가 설령 죽는다 해도 나쁜 죽음은 없을 것이다."

· · · · · · · · ·
26) 이 문장은 육신의 죽음과 업의 결실을 보여주며 좋은 곳에 태어나 열반으로 나아감을 의미.

자만심의 사라짐

| 앙굿따라 니까야 3부 38 |

비구들이여, 나는 자상한 보살핌 속에 [귀하게] 자랐다. 이와 같이 극도로 자상하게 양육되었고 호화로운 삶 속에서 나는 이런 생각이 들었다.

'가르침을 받지 못한 범부들은 자신도 늙음을 극복하지 못하고 늙어가고 있지만, 다른 사람들이 늙어가는 모습을 볼 때 자신들도 그와 같으리라는 것을 잊은 채 불쾌하고 역겨워한다. 나 역시 늙음을 극복하지 못하고 늙음의 대상이다. 만일 내가 다른 사람이 늙어 망가져 가는 모습을 볼 때 불쾌하고 역겨워한다면 그것은 나에게 바람직하지 못하다.'

이렇게 나 자신을 반조해 보았을 때 젊음에 대한 자만심이 사라졌다.

'가르침을 받지 못한 범부들은 그들 자신도 병을 극복하지 못하고 병들지만, 다른 사람이 병들어 망가져 가는 모습을 볼 때 자신들도 그와 같으리라는 것을 잊은 채 불

쾌하고 역겨워한다. 나 역시 병을 극복하지 못하고 병듦
의 대상이다. 만일 내가 다른 사람이 병들어 망가져 가
는 모습을 볼 때 불쾌하고 역겨워한다면 그것은 나에게
바람직하지 못하다.'

이렇게 나 자신을 반조해 보았을 때 건강에 대한 자만
심이 사라졌다.

'가르침을 받지 못한 범부들은 그들 자신도 죽음을 극
복하지 못하고 죽지만, 다른 사람의 죽은 모습을 볼 때
그들 자신도 그와 같으리라는 것을 잊은 채 불쾌하고 역
겨워한다. 나 역시 죽음을 극복하지 못하고 죽음의 대상
이다. 만일 내가 다른 사람의 죽은 모습을 볼 때 불쾌하
고 역겨워한다면 그것은 나에게 바람직하지 못하다.'

이렇게 나 자신을 반조해 보았을 때 생명에 대한 자만
심이 사라졌다.

랏타빨라 존자와 꼬라위야왕의 대화

| 맛지마 니까야: 82 랏타빨라 경 29-42 |

(네 가지 상실)

꼬라위야왕은 랏타빨라 존자에게 이런 질문을 하였다.

"랏타빨라 존자님은 아직 젊고 칠흑 같은 머리결의 소유자로서 축복으로 가득 찬 인생의 한창때에 있습니다. 존자님은 어떤 늙음으로 인한 상실, 병듦으로 인한 상실, 재산의 상실, 친족의 상실도 겪지 않았습니다.

(랏타빨라 존자의 출가 이유: 네 가지 담마의 요점)

랏타빨라 존자님, 어떤 사람들은 이런 네 가지 상실의 고통을 겪었기 때문에 출가를 합니다. 그러나 존자님은 이것들 중 어떤 것도 겪지 않았습니다. 존자님은 무엇을 알았고, 무엇을 보았고, 무엇을 들었기에 출가하였습니까?"

"대왕님, 온전히 깨달으신 부처님께서 가르치신 네 가지 가르침의 요점이 있습니다.

첫째는 이 세상 모든 것은 불안정하여 휩쓸려 가 버린다.

둘째는 이 세상은 의지처도 없고 보호자도 없다.

셋째는 이 세상은 내 것이라고 할 것이 아무것도 없다. 우리는 모든 것을 두고 떠나야 한다.

넷째는 이 세상은 불완전하고 만족이 없으며 갈애에 구속된 노예의 삶이다.

대왕님, 이 가르침을 듣고 보고 알았기 때문에 출가하였습니다."

랏타빨라 존자는 게송으로 말하였다.

세상에서 부유한 사람을 보면
어리석어 얻은 재물을 보시할 줄 모르네
욕심스럽게 재물을 쌓아두고
더욱더 감각적 쾌락을 열망하네.

땅을 무력으로 정복한 왕은
바다에 이르기까지 온 땅을 다 통치하고
아직도 바다 이쪽에 만족하지 못하고
바다 저 쪽까지 탐내네.

왕뿐만 아니라 대부분의 사람들도 그와 같이
갈애를 버리지 못하고 죽음에 이르면
아직 만족하지 못한 채 시체를 떠나네
세상에서 감각적 쾌락은 만족이 없네.

친족들은 울며 머리를 쥐어뜯고
'아이고, 나의 사랑하는 사람이 죽었네'
수의로 감싸서 운반하여
장작더미 위에 올려놓고 불태우네.

재물은 뒤에 남긴 채 수의 한 벌만 입고
불타는 막대기에 찔리면서 장작더미 위에서 불타네
죽는 사람에게는 친족도 친구도,
안식처가 될 수 없고 의지처가 될 수 없네.

상속자가 재물을 가져가고
사람은 업에 따라 제 갈 길을 가야 하니
죽을 때는 자식도, 아내도, 재물도, 토지도
아무것도 그를 따를 수 없네.

재물이 많다 해서 장수할 수 없고
부유함이 늙음을 몰아낼 수 없네
'인생은 짧다'고 모든 성인은 말하네
영원한 것은 없으며 변화할 뿐이라고.

부자든 가난하든 똑같이 죽음이 오네
성인도 어리석은 자도 똑같이 죽음이 오네
어리석은 자는 그 어리석음에 의해
마치 때려눕힌 듯 누워 있지만
현명한 자는 죽음이 와도 흔들리지 않네.

재물보다 더 중요한 것은 지혜이며
그 지혜로움으로 궁극의 목표를 얻네
어리석음으로 사람들은 악행을 저지르고
세세생생 그 목표에 도달하지 못하네.

달콤하고 즐거운 수많은 감각적 쾌락이
여러 면으로 마음을 괴롭히니
감각적 쾌락에 얽매임의 위험을 보고

대왕이여, 나는 출가를 하였네.

과일이 나무에서 떨어지듯이 사람도 그와 같네
젊은이든 늙은이든 몸이 부서지면 떨어지나니
대왕이여, 이것을 보고 나는 출가하였네.

1장

친구, 우정, 참된 친구와 거짓 친구에 대한 가르침

이런 친구라면 따라야 한다

| 앙굿따라 니까야 7부 35 |

일곱 가지 자질을 갖춘 친구는 사귀어야 한다. 무엇이 일곱 가지인가?

- 그는 주기 어려운 것을 남에게 준다.
- 그는 하기 어려운 것을 해낸다.
- 그는 참기 어려운 것을 참아 낸다.
- 그는 자신의 비밀을 드러낸다.
- 그는 남의 비밀을 지켜준다.
- 그는 불행에 빠진 사람을 버리지 않는다.
- 다른 사람이 망했을 때 그를 얕보지 않는다.

이런 일곱 가지 자질을 갖춘 친구는 사귀어야 한다.

좋은 우정은 청정한 삶의 전체이다

| 상윷따 니까야: 45 막가 상윷따 2 |

이와 같이 나는 들었다. 어느 때 부처님은 사꺄 사람들이 사는 나가라까라는 마을에 계셨다. 그때 아난다 존자가 부처님께 말씀드렸다.

"부처님, 좋은 우정, 좋은 교우관계는 청정한 삶의 절반입니다."

"그렇지 않다. 아난다, 그렇지 않다. 좋은 우정, 좋은 교우관계는 청정한 삶의 전부이다. 왜냐하면 좋은 친구, 좋은 동료가 있으면 그로 인하여 여덟 가지 바른 길을 연마하게 되고 여덟 가지 바른 길을 더 발전시키게 된다."

진정한 친구

| 숫따니빠따 2편 3: 253-255 |

'나는 너의 친구다' 라고 하면서 아무것도 도와주지

않고 친구를 멸시한다면 그는 진정한 친구가 아니다.

친구에게 기분 좋은 말만하고 말처럼 행동하지 않는 친구는 '행이 없는 말만 앞선 친구'라고 지혜로운 이는 알고 있다.

장차 서로간에 불화가 생길까 노심초사하고 그러면서 친구의 결점만 들추어내는 그런 사람은 친구가 아니다.

그러나 아버지 품에 있는 아들처럼 편안하고 다른 사람이 사이를 갈라놓지 못한다면 그런 사람은 진정한 친구다.

재물을 탕진하는 여섯 가지

| 디가 니까야: 31 시갈로와다 경 7-14 |

부처님은 장자의 아들 젊은 시갈라에게 이렇게 말씀하셨다.

[재물을 탕진하는 여섯 가지 길]

무엇이 재물을 탕진하는 여섯 가지 길인가? 나태함의 원인이 되며 정신을 혼몽하게 하는 술에 빠지는 것은 재물을 탕진하는 길이다. 부적절한 시간에 길거리를 자주 배회하는 것, 구경거리를 찾아 이리저리 쏘다니는 것, 놀음에 빠져드는 것, 나쁜 친구와 사귀는 것, 게으른 습성, 이 여섯 가지는 재물을 탕진하는 길이다.

[재물을 탕진하는 여섯 가지의 자세한 설명]

나태함의 원인이 되며 취하게 하는 술에 빠지는 것에 여섯 가지 위험이 있다. 재물을 잃고, 싸움에 휩쓸리기 쉽고, 병에 걸리기 쉽고, 좋은 명성을 잃고, 사나운 모습이 드러나고, 지혜가 줄어든다.

부적절한 시간에 길거리를 자주 배회하는 것에 여섯 가지 위험이 있다. 자신을 방어하지도 보호하지도 못하며, 아내와 아이들을 보호하지 못하며, 재산을 지키지 못하며, 범죄자로 의심받고, 거짓 소문의 표적이 되며, 많은 문젯거리들과 마주치게 된다.

구경거리를 찾아 이리저리 다니는 것에 여섯 가지 위험이 있다. [항상 생각하기를] '어디서 춤을 추나?' '어디서 노래를 하나?' '어디서 음악 연주가 있나?' '어디서 낭송이 있나?' '어디서 심벌을 치는가?' '어디서 북

을 치는가?' 하면서 이리저리 다닌다. [그래서 자신이 해야 할 일을 소홀히한다.]

놀음에 빠져버리는 것에 여섯 가지 위험이 있다. 이긴 사람은 원수가 생기며, 진 사람은 잃은 것을 비통해하며, 재산을 탕진하고, 법정에서 말에 신용이 없으며, 친구나 동료로부터 멸시를 받으며, 노름꾼은 아내를 부양할 수 없으므로 결혼의 요청이 없다.

나쁜 친구와 사귀는 것에 여섯 가지 위험이 있다. 노름꾼, 방탕자, 술 중독자, 사기꾼, 협잡꾼, 불량배들이 그의 친구이고 동료이다.

게으른 습성에 여섯 가지 위험이 있다. 그는 생각하기를, '너무 춥다'고 하여 일을 하지 않는다. '너무 덥다'고 하여 일을 하지 않는다. '너무 이르다'고 하여 일을 하지 않는다. '너무 늦다'고 하여 일을 하지 않는다. '너무 배고프다'고 하여 일을 하지 않는다. '너무 배부르다'고 하여 일을 하지 않는다. 그는 해야 할 일을 미루고 일을 하지 않는 동안 재산은 증식되지 못하고, 벌어 놓은 재산은 줄어들어 없어지고 만다.

부처님은 이어서 게송으로 말씀하셨다.

어떤 친구는 술친구이다.
어떤 친구는 앞에서만
"사랑하는 친구여, 사랑하는 친구여!"라고 말한다.
그대가 필요한 때의 친구
그만이 오직 참다운 친구이다.

해가 뜰 때까지 잠을 자고, 간통하고, 원수를 만들고,
남을 해치고, 악한 사람과 사귀고, 극도로 인색한 것,
이 여섯 가지는 사람을 망친다.

노름과 여자, 술, 춤과 노래,
낮에 잠자고 밤에 어슬렁거림,
사악한 친구와의 사귐, 인색한 사람,
이 여섯 가지는 사람을 망친다.

목마르다고 술집을 자주 들락거리는 사람,
가진 것이 아무것도 없는 술고래는
연못에 던진 돌이 가라앉듯이
빚더미에 가라앉아

친척이 내치고 의절하게 된다.

습관적으로 낮에 잠자는 사람
밤에 돌아다니는 사람
항상 술에 취해 있는 사람은
가정생활을 영위할 수 없다.

너무 춥다! 너무 덥다! 너무 늦다고 소리치며
모든 할 일을 옆으로 제쳐놓는 젊은이에게
좋은 기회는 사라져 버린다.

그러나 춥든지, 덥든지
모든 것을 지푸라기보다 더 하찮게 생각하고
자신의 의무를 다 하는 사람은
그의 행복은 결코 줄지 않는다.

쾌락을 찾으려는 사람은

| 담마빠다 |

기분 좋은 대상에서 쾌락을 구하고
감각기관을 절제하지 않고
무절제하게 먹고, 게으르고, 열성도 없는 사람은
바람이 연약한 나무를 넘어뜨리듯
악마가 쉽게 그를 넘어뜨린다. (7)

진정한 친구와 거짓 친구

| 디가 니까야: 31 시갈로와다 경 15-26 |

부처님은 장자의 아들 시갈라에게 말씀하셨다.

"참된 친구인 척하지만 거짓 친구라고 알아야 할 네 사람이 있다. 어떤 것이라도 가져가기만 하고 줄줄 모르는 친구, 행함 없이 말만 많은 친구, 아첨하는 친구, 불량배는 참된 친구가 아니다.

'가져가기만 하고 전혀 줄줄 모르는 친구'는 참된 친구인 척하지만, 네 가지 이유로 볼 때 거짓 친구임을 알수 있다. 그는 가져가기만 하지 전혀 남에게 줄줄 모른다. 남에게 조금 주면서 많은 것을 요구한다. 두려움 때문에 그의 의무를 행한다. 자신의 이익에만 관심이 있다. 이런 사람은 가져가기만 하고 남에게는 줄줄 모르는친구이다.

'행함 없이 말만 많은 친구'는 참된 친구인 척하지만, 네 가지 이유로 볼 때 거짓 친구임을 알 수 있다. 친구를위하여 '과거에 이렇게 하려 했었는데'라고 말하며, '앞으로 이렇게 할 것'이라고 말하며, 빈말로 호의를 사려하고, 도움이 필요한 일이 생겼을 때 피치 못할 사정으로 할 수 없다고 거절한다. 이런 사람이 행함 없이 말만많은 친구이다.

'아첨하는 친구'는 참된 친구인 척하지만, 네 가지 이유로 볼 때 거짓 친구임을 알 수 있다. 그는 나쁜 짓을 하는 것은 찬성하고, 옳은 일을 하는 것은 반대하고, 앞에서는 칭찬하고, 뒤에서는 욕을 한다. 이런 사람이 아첨하는 친구이다.

'불량배 친구'는 참된 친구인 척하지만, 네 가지 이유로 볼 때 거짓 친구임을 알 수 있다. 술에 빠졌을 때 술친구, 부적절한 시간에 거리를 배회할 때의 친구, 구경거리를 찾아 이리저리 쏘다닐 때의 친구, 놀음에 빠졌을 때의 친구, 이런 친구가 불량배 친구이다."

부처님은 게송으로 말씀하셨다.

오직 가져가기만 하는 친구
행동은 없고 말만 많은 친구
아첨하는 친구
불량배 친구
이 네 친구는 거짓 친구이다.
현자는 이것을 알고서
두려움과 위험의 길인
이런 친구들을 멀리해야 한다.

[참된 친구]
"장자의 아들이여, 참된 친구라고 생각해야 할 네 사람이 있다. 도와주는 친구, 행복할 때나 불행할 때나 한

결같은 친구, 바른 조언을 주는 친구, 동정심이 있는 친구, 이런 친구가 참된 마음을 가진 친구이다.

'도와주는 친구'는 네 가지 이유로 볼 때 참된 친구임을 알 수 있다. 술에 취하였을 때 지켜 주며, 술에 취하였을 때 재물을 지켜 주며, 곤경에 처하였을 때 의지처가 되며, 해야 할 일이 생겼을 때 요청한 도움의 두 배로 도와주는 친구, 이런 친구가 도와주는 친구이다.

'행복할 때나 불행할 때나 한결같은 친구'는 네 가지 이유로 볼 때 참된 친구임을 알 수 있다. 비밀을 털어놓고, 털어놓은 비밀을 지켜 주며, 친구가 곤경에 처했을 때 떠나지 않으며, 친구를 위하여 목숨까지라도 버리는 친구, 이런 친구가 행복할 때나 불행할 때나 한결같은 친구이다.

'바른 조언을 주는 친구'는 네 가지 이유로 볼 때 참된 친구임을 알 수 있다. 친구가 악행을 하지 않도록 하며, 선행을 하도록 북돋우며, 알지 못한 것들을 알려 주며, 천상에의 길을 가르쳐 준다. 이런 친구가 바른 조언을 주는 친구이다.

'동정심이 있는 친구'는 네 가지 이유로 볼 때 참된 친구임을 알 수 있다. 친구의 불행을 기뻐하지 않으며, 친구의 행운을 기뻐하며, 친구에 대항하는 자를 못하게 하며, 친구를 칭찬하는 사람을 칭찬하는 친구, 이런 친구가 동정심이 있는 친구이다."

부처님은 게송으로 말씀하셨다.

도와주는 친구,
행복할 때나 불행할 때나 한결같은 친구
훌륭한 조언을 주는 친구
동정심으로 가득한 친구
지혜로운 친구
이 네 친구가 참된 친구임을 알아야 한다.
마치 어머니가 자식에게 헌신하듯
그렇게 친구에게 헌신해야 한다.

자신을 성찰함

| 앙굿따라 니까야 10부 51 |

만일 다른 사람의 마음의 작용을 아는 데 능숙하지 못

176

하다면, 적어도 '나는 내 마음의 작용을 아는 데는 능숙할 것이다.' 라고 단련하여야 한다.

자기를 성찰하는 것은 훌륭한 자질을 향상시키기 위하여 매우 도움이 된다.

나는 일반적으로 탐욕스러운가 또는 그렇지 않은가?

나는 일반적으로 마음속에 악의를 품고 있는가 또는 그렇지 않은가?

나는 일반적으로 게으름과 무기력에 빠져 있는가 또는 그렇지 않은가?

나는 일반적으로 마음이 들떠 있는가 또는 그렇지 않은가?

나는 일반적으로 의심을 잘 하는가 또는 그렇지 않은가?

나는 일반적으로 화를 잘 내는가 또는 그렇지 않은가?

나는 일반적으로 나쁜 생각에 쉽게 물드는가 또는 그렇지 않은가?

나는 일반적으로 게으른가 아니면 활력이 넘치는가?

나는 일반적으로 주의 집중에 잘 머무는가 아니면 그렇지 않은가?

만일 이와 같은 성찰에서 자신이 탐욕스럽고, 악의가 있고, 게으르고 무기력하고, 마음이 들떠 있고, 의심을 잘 하고, 화를 잘 내고, 나쁜 생각에 쉽게 물들고, 주의 집중하지 못한다면, 그는 이런 이롭지 못하고 악한 성향들을 버리기 위하여 최선의 열성과 노력을 기울여야 한다.

마치 머리에 불이 붙은 사람이 그 불을 끄기 위하여 있는 힘을 다하고 열성과 힘을 다하는 것처럼, 그대들도 이롭지 못하고 악한 성향을 제거하기 위하여 최선의 열성과 노력을 기울여야 한다.

훌륭한 친구와 가까이하라

| 담마빠다 |

감각기관을 절제하고, 만족할 줄 알고, 계율에 따라 절제하고, 청정한 삶을 사는 훌륭하고 열성적인 친구와 가까이하는 것이 지혜로운 수행자가 처음으로 해야 할 일이다. (375)

마치 달이 별의 궤도를 따르듯 지성을 갖추고, 지혜롭고, 두루 배우고, 성실하고, 훌륭한 지혜와 덕성을 갖춘 이와 가까이 하라. (208)

어리석은 이와 함께 길을 가는 사람은 오랜 세월 괴로움이 따른다.

어리석은 이를 가까이하는 것은 원수를 가까이하는 것처럼 괴롭다.

지혜로운 이를 가까이하는 것은 친척의 모임처럼 행복하다. (207)

행동이 바르고 지혜롭고, 그대에게 적합한 분별 있는 친구를 만났거든, 모든 장애를 극복하고 기쁘게 깨어 있는 마음으로 그와 함께 가라. (328)

행동이 바르고 지혜롭고, 그대에게 적합한 분별 있는 친구를 만나지 못하였다면, 정복한 나라를 버리고 떠나는 왕처럼 숲에 사는 코끼리처럼 그렇게 혼자서 가라. (329)

파멸의 원인

| 숫따니빠따 1편 6: 91-108 |

고따마께 여쭙니다. 무엇이 파멸의 원인입니까? (91)

진리의 가르침을 좋아하는 사람은 발전하고, 진리의 가르침을 싫어하는 사람은 파멸한다. (92)

사악한 사람을 좋아하고 훌륭한 사람을 가까이하지 않는 것, 사악한 사람의 교리를 좋아하는 것, 이것이 파멸의 원인이다. (94)

항상 즐거나 잠자는 것을 좋아하고, 서로 어울려 수다스럽고, 축 늘어져서 게으르고, 성을 잘 내는 것, 이것이 파멸의 원인이다. (96)

자기는 부유하게 살면서도 나이 들어 노쇠한 부모님을 돌보지 않는것, 이것이 파멸의 원인이다. (98)

브라흐민이나, 사문, 또는 다른 수행자를 거짓말로 속이는 것, 이것이 파멸의 원인이다. (100)

많은 재물과 돈을 가진 부유한 사람이 이런 좋은 것들을

단지 자신만을 위해 쓰는 것, 이것이 파멸의 원인이다. (102)

출생, 재산, 문중에 대한 자만심을 가지고 일가 친척과 친한 친구를 멸시하는 것, 이것이 파멸의 원인이다. (104)

여자, 술, 그리고 도박에 빠져 모은 것을 다 탕진해 버리는 것, 이것이 파멸의 원인이다. (106)

자기 아내로 만족하지 않고 창녀와 놀아나고 남의 아내와 희롱하는 것, 이것이 파멸의 원인이다. (108)

2장
바른 견해, 바른 생각, 바른 말, 바른 행동의 가르침

뿌린 대로 거둔다

| 상윳따 니까야: 11 삭까 상윳따 1:10 |

어떤 종류의 씨를 뿌렸든지
뿌려진 씨에 따라
그는 바로 그 열매를 거둔다.
선을 행하면 선을 거두고

악을 행하면 악을 거둔다.

너의 씨앗은 뿌려졌다.

그러니 열매를 거두리라.

과거·미래·현재에 집착하지 말라

| 숫따니빠따 4편 15: 944-950 |

지나간 것의 환상에 사로잡혀 아쉬워하지 말며, 새로운 것에 만족하여 안주하지 말며, 사라져 가는 것들을 슬퍼하지 말며, 욕망이 이끄는 대로 끌려다니지 말라. (944)

과거도 불살라버리고, 미래도 한쪽 옆으로 제쳐 두고, 현재에도 집착하여 움켜쥐지 않으면 평화롭고 평온한 길을 유행하리라. (949)

내 것이라는 생각이 전혀 없는 사람은 없다고 해서 슬퍼하지 않으며, 잃음으로 괴로워할 일이 없다. (950)

어린 라홀라에게 주신 교훈[27]

| 맛지마 니까야: 61 암발랏티까라홀로와다 경 |

(1. 빈 물그릇의 교훈)

부처님은 저녁 나절 명상을 끝내고 암발랏티까의 라
훌라가 있는 곳으로 가셨다. 라훌라는 부처님이 오시는
것을 보고 자리를 준비하고 발 씻을 물을 준비하였다.
부처님은 자리에 앉아서 발을 씻으셨다. 라훌라는 부처
님께 인사를 드리고 한쪽에 앉았다.

부처님은 물그릇에 물을 조금 남긴 후 라훌라에게 말
씀하셨다.

"라훌라야, 이 물그릇에 물이 조금 있는 것이 보이
지?"

"네, 부처님."

"고의로 거짓말을 하고도 부끄러워하지 않는 수행자

---

27) 이 경은 아소까 바이라트 각문의 일곱 개 경 가운데서 '부처님이 라훌
라에게 주신 거짓말하는 것에 대한 교훈' 과 동일시되는 경으로 어린 라
훌라에게 주신 가르침이다. 아소까왕은 이 경을 출가자이든 재가자이
든 모두 항상 듣고 명상하라고 말씀하고 있다.

의 공덕은 이 물과 같이 적다.”

부처님은 조금 남아 있던 물을 다 버리고 물으셨다.

“라훌라야, 조금 남은 물을 버리는 것을 보았지?”

“네, 부처님.”

“고의로 거짓말을 하고도 부끄러워하지 않는 사람은 수행자의 공덕을 내 버리는 것과 같다.”

다시 부처님은 빈 물그릇을 뒤집어 놓고 말씀하셨다.

“라훌라야, 빈 물그릇을 뒤집어 놓는 것을 보았지?”

“네, 부처님.”

“고의로 거짓말을 하고도 부끄러워하지 않는 사람은 수행자의 공덕을 뒤집어엎는 것이다.”

다시 부처님은 빈 물그릇을 바로 놓고 말씀하셨다.

“라훌라야, 이 물그릇이 텅 빈 것이 보이지?”

“네, 부처님.”

“고의로 거짓말을 하고도 부끄러워하지 않는 사람은 수행자의 공덕이 텅 비게 된다. 그리고 고의로 거짓말을 하고도 부끄러워하지 않는 사람은 어떤 악한 행동도 서슴지 않고 하게 된다. 그러므로 ‘나는 농담으로라도 거짓말을 하지 않을 것이다.’ 라고 너 자신을 단련하여야 한다.”

(2. 거울의 교훈)

"라훌라야, 거울은 뭐하는 데 쓰는 거지?"

"비춰보는 데 씁니다. 부처님."

"마찬가지로, 라훌라야, 반복해서 네 자신을 비추어 돌아본 후에 행동을 해야 하고, 반복해서 네 자신을 비추어 돌아본 후에 말을 해야 하고, 반복해서 네 자신을 비추어 돌아본 후에 생각을 하여야 한다."

(행동하려고 할 때)

"라훌라야, 네가 행동을 하려고 할 때 이와 같이 네 자신을 돌아보아야 한다. '내가 하려고 하는 행동이 나에게 해로움을 주지 않을까? 또는 남에게 해로움을 주지 않을까? 또는 나와 남 모두에게 해로움을 주지 않을까? [혹시] 이 행동이 좋지 못한 행동으로 고통스러운 결과를 가져오지는 않을까?' 라고 돌아보아야 한다.

네가 비추어 보았을 때 만일 '내가 하려고 하는 행동이 나와 남 모두에게 해로움을 줄 것이다. 이 행동은 좋지 못한 행동으로 고통스러운 결과를 가져올 것이다.' 라고 안다면 그런 행동은 해서는 안 된다.

그러나 네가 비추어 보았을 때 만일 '내가 하려고 하는 행동이 나와 남 모두에게 해로움을 주지 않을 것이다. 이 행동은 선한 행동으로 행복한 결과를 가져올 것이다.' 라고 안다면 그런 행동은 해도 좋다."

(행동하고 있을 때)

"또한 라훌라야, 네가 행동을 하고 있을 때에도 이와 같이 네 자신을 돌아보아야 한다. '내가 지금 하고 있는 행동이 나와 남 모두에게 해로움을 주고 있지는 않은가? [혹시] 이 행동이 좋지 못한 행동으로 고통스러운 결과를 가져오는 것은 아닐까?' 라고 돌아보아야 한다.

네가 비추어 보았을 때 만일 '내가 하고 있는 행동이 나와 남 모두에게 해로움을 주고 있다. 이 행동은 좋지 못한 행동으로 고통스러운 결과를 가져온다.' 라고 안다면 그런 행동은 해서는 안 된다.

그러나 네가 비추어 보았을 때 만일 '내가 하고 있는 행동이 나와 남 모두에게 해로움을 주지 않는다. 이 행동은 선한 행동으로 행복한 결과를 가져온다.' 라고 안다면 그런 행동은 계속해도 좋다."

(행동한 후)

"또한 라훌라야, 네가 행동을 한 후에도 이와 같이 네 자신을 돌아보아야 한다. '내가 한 행동이 나와 남 모두에게 해로움을 주지는 않았을까? [혹시] 이 행동이 좋지 못한 행동으로 고통스러운 결과를 가져오지는 않았을까?' 라고 돌아보아야 한다.

네가 비추어 보았을 때 만일 '내가 한 행동이 나와 남 모두에게 해로움을 주었다. 이 행동은 좋지 못한 행동으로 고통스러운 결과를 가져왔다.' 라고 안다면, 그때는 함께 수행하는 지혜로운 동료나 스승에게 고백하고 드러내 보여야 한다. 그런 행동을 고백하고 드러내 보이고 열어 보이기 때문에 앞으로 조심하게 된다.

그러나 네가 비추어 보았을 때 만일 '내가 한 행동이 나와 남 모두에게 해로움을 주지 않았다. 이 행동은 선한 행동으로 행복한 결과를 가져왔다.' 라고 안다면, 그때는 행복하고 기쁘게 지내게 되고 밤낮으로 그 좋은 행을 닦아야 한다."

(말할 때에도 자신을 비추어 보라)

"행동할 때와 마찬가지로 말하려고 할 때에도, 말하는 동안에도, 말 한 후에도, 행동할 때와 똑같이 자기 자신을 돌아보고 비추어 본 후에 말을 하여야 한다."

(생각할 때에도 자신을 비추어 보라)

"행동할 때와 마찬가지로 생각하려고 할 때에도, 생각하는 동안에도, 생각한 후에도, 행동할 때와 똑같이 자기 자신을 돌아보고 비추어 본 후에 생각을 하여야 한다."

(과거 · 미래 · 현재의 모든 수행자처럼 너도 생각과 말과 행동을 비추어 보라)

"라훌라야, 과거의 어떤 사문이나 브라흐민들도 모두 자기 자신을 비추어 보고, 또 되풀이하여 비추어 본 후에 생각을 하였고, 말을 하였고, 행동을 하였다. 이와 같이 함으로써 그들은 생각과 말과 행동을 깨끗하게 하였다.

미래의 어떤 사문이나 브라흐민들도 모두 자기 자신을 비추어 보고 되풀이하여 비추어 본 후에 생각을 할 것이고, 말을 할 것이고, 행동을 할 것이다. 이와 같이 함으로써 그들은 생각과 말과 행동을 깨끗하게 할 것이다.

현재의 어떤 사문이나 브라흐민들도 모두 자기 자신을 비추어 보고 되풀이하여 비추어 본 후에 생각을 하고, 말을 하고, 행동을 한다. 이와 같이 함으로써 그들은 생각과 말과 행동을 깨끗하게 한다.

그러므로 라훌라야, 너는 이와 같이 단련하여야 한다. '나는 내 행동을 반복하여 돌아봄으로써 행동을 깨끗이 할 것이다. 나는 내 말을 반복하여 돌아봄으로써 말을 깨끗이 할 것이다. 나는 내 마음을 반복하여 돌아봄으로써 마음을 깨끗이 할 것이다.' 이것이 바로 너 자신을 어떻게 단련해야 하는지에 대한 가르침이다."

악행을 제거하기 위하여

앙굿따라 니까야 6부 108

악한 생각을 제거하기 위하여
좋은 생각을 닦아야 하며
악한 말을 제거하기 위하여

189

좋은 말을 닦아야 하며

악한 행동을 제거하기 위하여

좋은 행동을 닦아야 한다.

마음은 모든 것의 근본

| 담마빠다 |

마음은 모든 것의 근본이며 마음에서 모든 것은 만들어진다.

나쁜 마음을 가지고 말하거나 행동하면 수레 바퀴가 황소의 발자국을 뒤따르듯이 괴로움이 그를 뒤따른다. (1)

마음은 모든 것의 근본이며 마음에서 모든 것은 만들어진다.

좋은 마음을 가지고 말하거나 행동하면 그림자가 그대를 결코 떠나지 않듯이 행복이 그를 뒤따른다. (2)

계행이 없고 선정이 없는 사람의 백년의 삶보다 계행을 지키고 선정에 들어 사는 사람의 하루의 삶이 더 낫다. (110)

겉만 보고 판단할 수 없다

| 상윳따 니까야: 3 꼬살라 상윳따 2:1 |

그때 부처님과 빠세나디왕이 앉아 있는 곳과 멀지 않은 거리에서 일곱 명의 머리를 땋아 늘어뜨린 고행자, 일곱 명의 자이나교도, 일곱 명의 나체 고행자, 한 벌 옷의 일곱 명의 고행자, 일곱 명의 방랑 수행자 등이 시커먼 겨드랑이 털, 긴 손톱과, 온몸에 털을 감은 채 필수품 꾸러미를 들고 지나가게 되었다.

이들이 다 지나간 후 빠세나디왕은 부처님께 물었다.

"부처님, 저들은 아라한들입니까, 또는 아라한의 길에 들어선 이들입니까?"

"대왕님, 세속에 사는 사람이 그것을 안다는 것은 어려운 일입니다.

그가 계행을 지니고 있는지는 함께 살아보아야 알 수 있습니다. 그가 청정한지 어떤지는 함께 대화를 해 보아야 알 수 있습니다. 그가 불굴의 정신이 있는지는 역경에 처했을 때 알 수 있습니다. 그가 지혜가 있는지는 토론을 통해서 알 수 있습니다. 그것도 짧은 시간에는 알수 없고 긴 시간이 지난 후에나 알 수 있습니다.

또한 주의 깊어야 알 수 있지 주의가 깊지 않으면 알수 없습니다. 또한 지혜로워야 알 수 있지 우둔하면 알수 없습니다."

부처님은 다시 게송으로 말씀하셨다.

사람은 겉으로 드러난 모양으로는 쉽게 알 수 없고
잠깐 슬쩍 보아서는 또한 믿을 수가 없네.
잘 절제된 듯한 모습을 한
절제되지 않은 사람들이 돌아다니네.

절제하는 사람

| 담마빠다 |

눈을 절제함은 훌륭하며, 귀를 절제함은 훌륭하며, 코를 절제함은 훌륭하며, 혀를 절제함은 훌륭하며, (360)
행위를 절제함은 훌륭하며, 말을 절제함은 훌륭하며,

마음을 절제함은 훌륭하며, 모든 것을 절제함은 훌륭하다.
모든 것들을 절제하는 수행자는 슬픔에서 벗어난다. (361)

잃어버릴 수 없는 재산

| 앙굿따라 니까야 7부 7 |

[빠세나디] 왕의 총리대신 욱가는 부처님께 이렇게 말하였다.

"부처님, 미가라 로하네야가 얼마나 부유하고 재산이 많은지 정말 놀랄 정도입니다."

"욱가여, 그는 얼마나 부유하고 얼마나 많은 재산을 가졌습니까?"

"부처님, 그는 수억대의 금을 가지고 있는데 은은 말할 나위가 있겠습니까?"

"욱가여, 그것이 정말로 재산일까요? 그것이 재물이 아니라고 말하는 것은 아닙니다. 그러나 그것들은 불이 나면 타서 없어지고, 홍수에 휩쓸려 가고, 왕이 몰수하고, 도둑이 훔쳐가고, 적이 빼앗아 가고, 상속인이 가져

갑니다.

그러나 없어지지 않는 일곱 가지 재물이 있습니다. 그것은 믿음의 재산, 계행의 재산, 양심의 재산, 잘못함에 대한 두려움의 재산, 배우고 들은 재산, 관용심의 재산, 그리고 지혜의 재산입니다. 이것들은 불에 타지 않고, 물에 휩쓸려가지 않고, 왕이나 도둑, 적이나 상속인이 빼앗아 갈 수 없습니다."

모든 것은 그대 스스로

| 숫따니빠따 5편 5: 1063-1064 |

브라흐민 학인 도따까는 부처님께 여쭈었다.

"모든 것을 통찰하시는 부처님, 부디 저를 온갖 의혹에서 벗어나게 하여 주십시오."

"도따까여, 나는 어떤 누구라도 의혹에서 벗어나게 해주지는 못한다. 그러나 그대가 으뜸가는 가르침을 이해한다면, 그때 그대 스스로 의혹의 강을 건너 의혹에서 벗어나리라."

진실에 이르는 길

| 담마빠다 |

진실 아닌 것을 진실이라고 말하고 진실을 진실이 아니라고 말하는 사람은 그런 잘못된 견해 때문에 결코 진실에 도달하지 못한다. (11)

진실이 아닌 것을 진실이 아니라고 하고 진실을 진실이라고 하는 사람은 그런 바른 견해 때문에 진실에 도달한다. (12)

초능력과 기적을 금하심

| 디가 니까야: 11 께왓다 경 1-5 |

어느 때 부처님은 날란다의 빠와리까의 망고 숲에 계셨다. 그때 젊은 장자 께왓다가 부처님께 와서 이렇게 말하였다.

"부처님, 이 날란다는 부유하고, 번영하고, 인구가 많

195

고, 부처님께 신심이 돈독한 사람들로 붐비고 있습니다. 만일 부처님께서 어떤 비구에게 보통사람을 초월하는 힘으로 기적을 행하도록 말씀하신다면 이 날란다는 더욱더 부처님께 신심을 갖게 될 것입니다."

이에 부처님은 께왓다 장자에게 말씀하셨다.

"께왓다, 나는 비구들에게 다음과 같이는 가르치지 않는다. '비구들이여, 가서 흰옷을 입은 재가자들을 위해 보통사람을 초월하는 힘으로 기적을 행하라.'"

그러나 젊은 장자 께왓다는 부처님께 똑같은 요청을 두 번 세 번 하였다. 이에 부처님은 초능력이나 기적의 위험을 그에게 설명하시고 이어서 이렇게 말씀하셨다.

"께왓다, 나는 기적의 위험을 보기 때문에 기적을 좋아하지 않고, 받아들이지 않고, 탐탁하게 여기지 않는다."

소나와 조율된 악기의 가르침
| 율장 마하왁가 5편 1 |

소나 존자는 깨달음을 빨리 얻어야겠다는 생각으로

맹렬히 정진하였다. 어려움 없이 좋은 신발을 신고 곱게 자란 그에게 맨발로 경행한다는 것은 큰 어려움이었다. 그래서 돌부리에 채이고 걸리고 하여 발에서는 피가 줄줄 흘렀다.

어느 날 그는 생각하였다.

'나는 부처님 제자 중에서 어느 누구 못지않게 열심히 정진하는데, 내 마음은 아직도 번뇌와 집착으로부터 벗어나지 못하였다. 그런데 나는 집에 재산이 매우 많으니 차라니 집으로 돌아가서 재물을 즐기며 선행을 하는 것이 낫지 않을까?'

그때 부처님은 몇 명의 제자들과 함께 영취산에서 시타 숲으로 오셔서 소나의 경행처[천천히 걸으며 명상하는 곳]로 가셨다. 피로 얼룩진 소나의 경행처를 보시고 물으셨다.

"여기 경행처가 왜 이렇게 피로 얼룩졌는가?"

"부처님, 소나 비구가 지나치게 열심히 왔다갔다하며 경행을 하여 발이 터져서 피가 났습니다."

이 이야기를 들으신 후 부처님은 소나의 처소로 가셔서 이렇게 말씀하셨다.

"소나, 너는 다음과 같이 생각하였느냐. '나는 누구 못지않게 열심히 정진하는데 온갖 번뇌와 집착에서 아직 벗어나지 못하였다. 그러니 나의 집에는 재산이 많으니 돌아가서 그것을 즐기면서 사는 것이 낫지 않을까' 라고 생각하였느냐?"

"네, 부처님."

"소나, 너는 세속에 있을 때 위나[28] 악기를 연주해 보았느냐?"

"네, 부처님."

"줄이 너무 팽팽하면 조화로운 소리가 나더냐?"

"그렇지 않습니다. 부처님."

"줄이 너무 느슨하면 조화로운 소리가 나더냐?"

"그렇지 않습니다. 부처님."

"그러면 줄이 너무 팽팽하지도 않고 너무 느슨하지도 않고, 잘 균형 있게 조율되었을 때 조화로운 소리가 나더냐?"

"네, 부처님."

••••••••

28) 위나악기: 네 개의 줄이 있는 인도 현악기 일종.

"그와 마찬가지로 소나야, 너무 지나치게 열심히 정진하면 몸과 마음이 들뜨게 되고, 또 너무 안일하고 느슨하게 해도 게으름에 빠지게 된다. 그러므로 정진할 때 항상 균형을 유지해야 한다. 너의 감각기관들이 균형을 이루도록 꿰뚫어 살펴야 하고, 항상 돌아보아 균형의 조화로움에서 벗어나지 말아야 한다."

이와 같이 가르치신 후 부처님은 다시 영취산으로 돌아가셨다.

그 후 소나 존자는 정진할 때 항상 균형을 유지하고, 균형의 조화로움에서 벗어나지 않고 열심히 수행 정진하여 아라한 가운데 한 명이 되었다.

여래는 다만 길을 안내할 뿐이다

| 맛지마 니까야: 107 가나까목갈라나 경 12-16 |

브라흐민 가나까 목갈라나는 부처님께 이렇게 여쭈었다.

"고따마 존자님의 제자들은 존자님의 충고와 가르침

을 듣고 모두가 최상의 목표인 열반을 얻습니까? 아니면 어떤 사람은 얻고 어떤 사람은 얻지 못하였습니까?"

"브라흐민, 어떤 제자는 최상의 목표인 열반을 얻고 어떤 제자는 얻지 못합니다."

"고따마 존자님, 최상의 목표인 열반이 있고, 열반에 이르는 길이 있고, 안내자인 고따마 존자님이 계시는데, 왜 똑같은 충고와 가르침을 받았는데도 어떤 제자들은 열반을 얻고 어떤 제자들은 얻지 못합니까? 그 원인과 이유는 무엇입니까?"

"그렇다면 브라흐민이여, 내가 되묻겠습니다. 그대는 라자가하로 가는 길에 익숙합니까?"

"예, 익숙합니다."

"브라흐민이여, 여기 라자가하로 가기를 원하는 어떤 사람이 그대에게 와서 이렇게 물었다고 합시다.

'나는 라자가하로 가려고 하는데 어떻게 가는지 좀 가르쳐 주십시오.'

그대는 이렇게 대답할 것입니다.

'이 길은 라자가하로 갑니다. 잠시 이 길을 따라가면 어떤 마을이 보입니다. 조금 더 가면 도시가 보입니다.

조금 더 가면 아름다운 공원과 숲과 들판과 연못이 있는 라자가하가 보일 것입니다.'

그대는 이와 같이 자세히 가르쳐 주었지만, 그대의 충고와 안내를 듣고서도, 그는 잘못된 길로 갈지도 모릅니다.

또 한 사람이 당신에게 와서 라자가하로 가는 길을 물었다고 합시다. 그대는 첫 번째 사람에게 설명한 것과 똑같이 말해 주었습니다. 그는 그대의 안내와 충고를 듣고 안전하게 라자가하에 도착할 것입니다.

그러면 [목적지인] 라자가하가 있고, 라자가하로 가는 길이 있고, 가는 길을 안내해 준 그대가 있는데, 그대로부터 [똑같은] 충고와 안내를 받고도 한 사람은 잘못된 길을 가고, 또 한 사람은 안전하게 라자가하에 도착합니다. 그 원인과 이유는 무엇입니까?"

"그건 제가 어떻게 할 수 있는 일이 아닙니다. 고따마 존자님, 저는 다만 길을 안내했을 뿐입니다."

"마찬가지입니다. 브라흐민이여, 최상의 목표인 열반이 있고, 열반에 이르는 길이 있고, 안내자인 내가 있습니다. 어떤 제자들은 나의 충고와 가르침을 듣고 열반을 성취하고 어떤 제자들은 성취하지 못합니다. 그것을 내가 어찌하겠습니까? 여래는 다만 길을 보여줄 뿐입니다."

부처님께서 이렇게 말씀하시자 브라흐민 가나까 목갈라나는 이렇게 말하였다.

"꽃 향기 중에서 재스민의 향기가 최고이듯이 고따마 존자님의 가르침은 오늘날의 가르침 가운데 으뜸입니다."

충고를 하는 마음자세

| 앙굿따라 니까야 5부 167 |

사리뿟따 존자는 말하였다.

"존자들이여, 다른 사람에게 충고를 하려면 안으로 다섯 가지 가르침을 확립한 후에 충고를 하여야 합니다. 무엇이 다섯 가지입니까?

- 나는 아무 때나 말하지 않고 알맞은 때에 말할 것이다.

- 나는 실제로 일어난 사실만 말할 것이지 있지도 않

은 말을 하지 않을 것이다.

– 나는 부드럽게 말하지 거칠게 말하지 않을 것이다.

– 나는 서로에게 이익이 되는 말만 할 것이지 이익이
없는 말은 하지 않을 것이다.

– 나는 자애의 마음을 가지고 말할 것이지 성냄을 가
지고 말하지 않을 것이다.

다른 사람에게 충고를 하려면 이와 같이 안으로 다섯
가지 가르침을 확립한 후에 충고를 하여야 합니다."

먼저 자신의 행동을 바르게 하라

| 담마빠다 |

먼저 바른 행동으로 자신을 세운 후

다른 사람을 가르치라.

이런 지혜로운 이는

비난으로 괴로워하지 않는다. (158)

가장 훌륭한 삶이란

| 숫따니빠따 1편 10 |

가장 으뜸가는 재산은 신뢰이며
행복으로 이끄는 훌륭한 수행은 가르침의 실천이며,
맛 가운데에 최상의 맛은 진리이며
지혜롭게 사는 것이 가장 훌륭한 삶이라고 말합니다.
(182)

남이 나에게 나쁘게 대하더라도

| 맛지마 니까야: 21 까까쭈빠마 경 10, 11 |

어떤 사람은 불쾌한 말을 하지 않을 때는 매우 친절하
고 부드럽고 차분하다. 그러나 그에게 불쾌한 말을 하였
을 때 비로소 그가 정말로 친절하고 부드럽고 차분한지
어떤지를 알 수 있다.

다른 사람들이 그대들에게 말을 할 때에는 다섯 가지

형태가 있다.

- 때에 맞는 말, 때에 맞지 않는 말
- 진실한 말, 진실하지 않은 말
- 부드러운 말, 거친 말
- 선한 말, 남을 해치는 말
- 우정어린 말, 증오심으로 가득한 말

그러므로 다음과 같이 그대들 자신을 다스려야 한다.

'우리의 마음은 불쾌한 말에 영향받지 않을 것이며, 또한 악한 말을 하지 않을 것이다. 우리는 우리에게 불쾌한 말을 하는 그 사람의 이익을 위하여, 자애로운 마음으로 대할 것이다.'

이것이 바로 '어떻게 그대들 자신을 단련하여야 하는가'의 가르침이다.

참된 사람과 참되지 못한 사람

| 맛지마 니까야: 113 삽뿌리사 경 1-20 |

그대들에게 참된 사람의 성품과 참되지 못한 사람의 성품에 대하여 설할 것이다.

(가문과 재산과 명성을 내세움)

무엇이 참되지 못한 사람의 특성인가? 참되지 못한 사람이 귀족가문에서 출가를 하였을 때 그는 다음과 같이 생각한다. '나는 귀족가문에서 출가하였다. 그런데 다른 비구들은 귀족계급에서 출가하지 않았다.' 라고. 그는 자신이 귀족가문의 출신이라는 것 때문에 자신을 높이고 남을 헐뜯는다.

또 참되지 못한 사람이 위대한 가문이나, 대부호의 가문, 또는 유명한 가문에서 출가를 하였을 때, 그는 다른 사람은 그렇지 못하다고 생각하여 자신을 높이고 남을 헐뜯는다. 이것이 참되지 못한 사람의 성품이다.

그러나 참된 사람은 이와 같이 생각한다.

'귀족계급 때문에, 위대한 가문 때문에, 대부호 가문 때문에, 또는 잘 알려진 유명한 가문이라는 것 때문에 탐욕이 부서지고, 증오가 부서지고, 어리석음이 부서지는 것은 아니다.

귀족계급이나, 위대한 가문, 또는 대부호 가문이나 잘 알려진 유명한 가문에서 출가하지 않았다 하더라도 부처님의 가르침과 일치하는 길로 가고, 합당한 길로 가고, 가르침에 따라서 행동한다면 그는 이로 인해 존경받고 칭찬받는다.'

그러므로 바른 길로의 실천을 우선으로 놓기 때문에, 그는 자신의 좋은 가문이나, 재산, 명성 때문에 자신을 칭찬하지도 않고 남을 헐뜯지도 않는다.

이것이 참된 사람의 성품이다.

(학식과 계율과 고행을 내세움)

참되지 못한 사람은 그가 많이 배웠다고 하여 이와 같이 생각한다. '나는 많이 배웠다. 그런데 다른 비구들은 많이 배우지 못하였다.'고 한다. 그는 자신이 많이 배웠다는 것 때문에 자신을 높이고 남을 헐뜯는다. 또 참되지 못한 사람은 자신이 계율을 잘 안다고 하여, 또는 가르침의 설법자라고 하여, 숲에 사는 고행자라고 하여, 누더기를 입는다 하여, 또는 장좌불와[29]한다 하여, 하루에 한 번 먹는다 하여, 다른 사람은 그렇지 못하다고 하면서 자신을 칭찬하고 남을 헐뜯는다.

이것이 참되지 못한 사람의 성품이다.

그러나 참된 사람은 이와 같이 생각한다.

'학식이 많다는 것 때문에, 또는 계율을 잘 안다는 것 때문에, 설법을 잘 한다는 것 때문에, 숲에 사는 고행자라는 것 때문에, 누더기를 입는 것 때문에, 또는 장좌불와를 하는 것 때문에, 하루에 한 번 먹는 것 때문에 탐욕이 부서지고, 증오가 부서지고, 어리석음이 부서지는 것은 아니다.

많이 배우지 못하였다 하더라도, 또는 계율을 잘 알지 못한다 하더라도, 설법자가 아니라 하더라도, 숲에 사는 고행자가 아니라 하더라도, 누더기를 입지 않는다 하더라도, 또는 장좌불와를 하지 않는다 하더라도, 하루에

• • • • • • • •
29) 장좌불와: 밤에도 누워 자지 않고 앉아서 정진함.

한 번 이상 먹는다 하더라도, 그가 부처님의 가르침과
일치하는 길로 가고, 합당한 길로 가고, 가르침에 따라
행동한다면 이로 인해 그는 존경받고 칭찬받는다.'

그러므로 바른 길로의 실천을 우선으로 놓기 때문에,
그는 자신의 학식과 계율과 고행 때문에 자신을 높이지
도 않고 남을 헐뜯지도 않는다.

이것이 참된 사람의 성품이다.

성내는 모양의 세 가지

| 앙굿따라 니까야 3부 130 |

세상에는 세 가지 종류의 사람이 있다. 무엇이 세 가
지인가?

－ 바위에 새기는 것과 같은 사람
－ 땅에 새기는 것과 같은 사람
－ 물에 새기는 것과 같은 사람이 있다.

바위에 새기는 것과 같은 사람은 어떤 사람인가? 어떤
사람은 자주 화를 낸다. 그리고 그 성냄은 오래간다. 그

것은 마치 바위에 새긴 각문이 바람이나 물, 세월의 흐름으로도 쉽게 지워지지 않는 것처럼, 그는 자주 화를 내고 그 성냄은 오래간다.

땅에 새기는 것과 같은 사람은 어떤 사람인가? 어떤 사람은 자주 화를 낸다. 그러나 그의 성냄은 오래가지 않는다. 그것은 마치 땅위의 자취가 바람이나 물, 세월의 흐름으로 쉽게 지워지는 것처럼, 그는 화를 잘 내지만 그 성냄은 오래가지 않는다.

물에 새기는 것과 같은 사람은 어떤 사람인가? 그는 남이 심하게 말을 하거나 무례하게 말을 해도 그와 쉽게 화해하고 우호적으로 지낸다. 그것은 마치 물위의 자취가 즉시 없어지는 것처럼, 그는 남의 무례하고 심한 말에도 성내지 않고 오히려 그와 화해하고 우호적으로 지낸다.

훌륭한 사람과 저열한 사람의 특성

| 앙굿따라 니까야 4부 73 |

저열한 사람은 다음과 같은 네 가지 특질을 가진 사람

임을 알아야 한다. 무엇이 네 가지인가?

① 저열한 사람은 묻지도 않았는데 다른 사람의 결점을 들추어낸다. 하물며 물었을 때는 말해 무엇 하겠는가. 만약 어떤 사람에 대해 질문을 받았을 때는, 그의 결점을 하나도 생략하지 않고 아주 자세하게 설명한다.

② 저열한 사람은 어떤 사람에 대하여 질문을 받았을 때 그 사람의 장점은 말하지 않는다. 하물며 질문을 받지 않는다면 말해 무엇 하겠는가. 질문에 마지못해 대답해야 할 경우에는 좋은 칭찬거리는 생략하고 머뭇거리면서 대충대충 말해버린다.

③ 저열한 사람은 자신에 대한 질문을 받았을 때는 자신의 잘못은 드러내지 않는다. 하물며 질문을 받지 않는다면 말해 무엇 하겠는가. 질문에 마지못해 대답해야 할 경우에는 자신의 잘못은 생략하고 머뭇거리면서 대충대충 말해버린다.

④ 저열한 사람은 묻지도 않았는데 자신의 자랑거리를 늘어놓는다. 하물며 질문을 받는다면 말해 무엇 하겠는가. 만약 질문을 받았을 때는 자신의 자랑거리는 하나도 생략하지 않고 머뭇거리지도 않고 아주 자세하게 말한다.

이런 네 가지 특질을 가진 사람은 저열한 사람이라고 알아야 한다.

훌륭한 사람은 다음과 같은 네 가지 특질을 가진 사람임을 알아야 한다. 무엇이 네 가지인가?

① 훌륭한 사람은 어떤 사람에 대하여 질문을 받았을 때 그 사람의 결점을 드러내지 않는다. 하물며 질문을 받지 않았을 때는 말해 무엇 하겠는가. 질문을 받았을 때는 다른 사람의 허물은 생략하고 머뭇거리면서 대충대충 말한다.

② 훌륭한 사람은 묻지도 않았는데 다른 사람의 칭찬거리를 드러낸다. 하물며 누가 묻는다면 말해 무엇 하겠는가. 질문에 대하여 대답해야 하는 경우에는 다른 사람의 칭찬거리를 하나도 생략하지 않고 망설임 없이 자세히 말한다.

③ 훌륭한 사람은 묻지도 않았는데 자신의 허물을 드러낸다. 하물며 누가 묻는다면 말해 무엇 하겠는가. 질문에 대답해야 하는 때는 자신의 허물을 하나도 생략함 없이 자세히 말한다.

④ 훌륭한 사람은 자기 자신에 대한 질문을 받았을 때도 자신의 자랑거리를 드러내지 않는다. 하물며 질문을 받지 않는다면 말해 무엇 하겠는가. 마지못해 대답해야 할 경우에는 자신의 자랑거리를 생략하고 머뭇거리면서 대충 말한다.

이런 네 가지 특질을 가진 사람은 훌륭한 사람이라고 알아야 한다.

3장
부처님의 대표적인 교리 모음

여덟 가지 바른 길 (팔정도)

| 상윳따 니까야: 45 막가 상윳따 8 |

부처님은 제자들에게 이와 같이 가르치셨다.

"그대들에게 '여덟 가지 거룩한 길'에 대하여 그것을 분석해 보이겠다. 무엇이 여덟 가지의 거룩한 길인가? 그것은 바른 견해, 바른 생각, 바른 말, 바른 행동, 바른 생활수단, 바른 정진, 바른 마음챙김, 바른 집중이다.

① 무엇이 바른 견해인가? 괴로움에 대하여 알고, 괴로움의 근원을 알고, 괴로움의 소멸을 알고, 괴로움의 소멸에 이르는 길에 대하여 아는 것이다.

② 무엇이 바른 생각인가? 악을 행하지 않으려는 생각, 남을 해치지 않으려는 생각을 말한다.

③ 무엇이 바른 말인가? 거짓말하지 않고, 이간질하지 않고, 악담하지 않고, 잡담[쓸데없는 말]하지 않는 것을 말한다.

④ 무엇이 바른 행동인가? 살아 있는 생명을 죽이지 않고, 주지 않는 것을 갖지 않고, 삿된 음행을 하지 않는 것을 말한다.

⑤ 무엇이 바른 생활수단인가? 잘못된 방법으로 생계를 유지하지 않고, 바른 방법으로 생계를 유지하는 것을 말한다.

⑥ 무엇이 바른 정진인가? 악한 생각이 장차 일어나지 않도록 최선을 다하여 노력하며, 악한 생각을 버리도록 최선을 다하여 노력하며, 선한 생각을 일으키도록 최선을 다하여 노력하며, 선한 생각을 더욱 성장하도록 최

선을 다하여 노력하는 것이다.

⑦ 무엇이 바른 마음챙김인가? 열성적으로 분명하게 알아차리고, 세상에 대한 탐욕과 낙담을 버리고, [무상하고, 불완전하고, 고정된 실체가 없으며, 더러운 것으로 가득 찬] 몸을 있는 그대로 관찰하며, 느낌을 있는 그대로 관찰하며, 마음을 있는 그대로 관찰하며, 담마[30]를 있는 그대로 관찰하며 머문다.

⑧ 무엇이 바른 집중인가? 감각적 쾌락과 바람직하지 못한 모든 것에서 벗어나, 사유와 숙고가 있으며 홀로 명상함에서 오는 환희와 기쁨이 있는 첫 번째 선정에 머문다.

사유와 숙고를 멈추고 안으로의 평온함과 마음의 집중됨이 있으며, 사유와 숙고가 없이 삼매에서 오는 환희와 기쁨이 있는 두 번째 선정에 머문다.

환희가 사라진 후 평정한 마음과 분명한 알아차림과 육신의 행복을 느끼며 머문다. 거룩한 이들이 말하는 '평정과 마음챙김에 머무는 사람은 행복하게 머문다.'

● ● ● ● ● ● ● ●
30) 담마(Dhamma): 부처님의 가르침, 나아가서 우주 모든 현상의 진리.

고 하는 세 번째 선정에 머문다.

고통도 쾌락도 버리고 전에 있던 행복도 불행도 버리고, 괴로움도 즐거움도 없고 평정에 의하여 도달한 마음챙김의 순수함이 있는 네 번째 선정에 머문다."

중도와 네 가지 거룩한 진리 (사성제)[31]

| 상윳따 니까야: 56 삿짜 상윳따 11, 율장 마하왁가 1편 6:17-37 |

이와 같이 나는 들었다. 어느 때 부처님은 바라나시의 이시빠따나의 사슴동산에 계셨다. 부처님은 다섯 명의 비구들에게 이렇게 가르치셨다.

"비구들이여, 출가 수행자는 두 가지 극단을 피하여야 한다. 무엇이 두 가지인가?

[첫 번째는] 감각적인 쾌락에 몰두하는 것으로 이것은 저열하고, 천박하고, 하찮고, 유익함이 없으며,

●●●●●●●●●

31) 부처님은 연기를 깨달으셨는데 초전법륜 (가장 처음 가르침의 바퀴를 굴리심)이 사성제인 이유는 연기의 도리는 너무 복잡하기 때문에 쉽게 알아들을 수 있도록 간략히 정리한 것이 사성제라 할 수 있다. 즉 사성제의 가르침은 연기의 핵심이며 축소라고 할 수 있다.

[두 번째는] 지나친 고행에 몰두하는 것으로 이것은 고통스럽고, 저열하고, 유익함이 없는 것이다.

여래는 이 두 가지 극단에 치우침이 없이 중도를 깨달았다.[32] 중도는 통찰력을 주며, 지혜를 주며, 평화를 주며, 깨달음으로 이끌고, 열반으로 이끈다.

깨달음으로 이끄는 여래가 깨달은 중도란 무엇인가? 중도는 바로 여덟 가지 바른 길(팔정도)이다. 여덟 가지 바른 길은 '바른 견해, 바른 생각, 바른 말, 바른 행동, 바른 생활수단, 바른 정진, 바른 마음챙김, 바른 집중'이다. 이것이 여래가 깨달은 중도로서 통찰력을 주며, 지혜를 주며, 평화를 주며, 깨달음으로 이끌고, 열반으로 이끈다.

괴로움의 거룩한 진리는 이와 같다.

태어나고, 늙고, 병들고, 죽는 것은 괴로움이며, 싫은 것과 만나는 것도 괴로움이며, 좋아하는 것과 헤어지는 것도 괴로움이며, 원하는 것을 얻지 못하는 것도 괴로움

••••••••

32) 여기에서 두 가지 극단이란 쾌락에 탐닉하는 것과 고행을 말한다. 부처님은 왕궁의 쾌락적인 생활과 6년 동안의 극도의 고행을 통하여 두 가지 극단적인 삶을 체험했다. 이 두 가지 극단적인 생활에서 중도의 진리를 깨달았다.

이다. 한 마디로 말하자면 집착의 대상이 되는 '다섯 가지 무더기'[33]가 모두 괴로움이다.

괴로움의 근원의 거룩한 진리는 이와 같다.

갈애는 쾌락과 욕망을 수반하며 여기저기서 쾌락을 찾아 헤매고 윤회로 이끈다.

갈애에는 감각적 쾌락에 대한 갈애, 다시 태어남에 대한 갈애, 다시 태어나지 않겠다는 갈애가 있다.

괴로움의 소멸의 거룩한 진리는 이와 같다.

갈애를 남김없이 사라지게 하고 소멸하고, 포기하고 버려서 더 이상 갈애에 집착하지 않고 갈애로부터 벗어나는 것이다.

괴로움의 소멸로 이끄는 길의 거룩한 진리는 이와 같다.

그 길은 바로 여덟 가지 바른 길이다.

그것은 바른 견해, 바른 생각, 바른 말, 바른 행동, 바른 생활수단, 바른 정진, 바른 마음챙김, 바른 집중이다."

부처님은 이와 같이 바라나시의 이시빠따나의 사슴동산에서 이 세상에서 그 어느 누구도 다시 굴릴 수 없는

● ● ● ● ● ● ● ●
33) 다섯 가지가 모여 몸을 이룬다. 오온(五蘊)이라 한역됨.

가장 뛰어난 법륜을 굴리셨다.

몸과 입으로 짓는 업 (일곱)

| 상윳따 니까야: 55 소따빳띠 상윳따 7 |

브라흐민 장자들은 부처님께 이와 같이 말하였다.

"고따마 존자님, 저희들의 소원은 아이들이 북적대는 집에서 사는 것이고 까시국에서 나는 백단향을 즐기고 싶고 화환을 걸고 싶고 향수와 화장품을 바르고 싶습니다. 그리고 금과 은을 받고 싶습니다. 죽은 후에는 좋은 곳인 천상 세계에 태어나고 싶습니다. 저희들은 이와 같은 소원과 욕망이 있기 때문에 저희들에게 합당한 가르침을 주십시오."

이에 부처님은 말씀하셨다.

"그대들 각자에게 이익을 가져오는 가르침을 설하겠소.

(살생을 금함)

장자들이여, 거룩한 제자는 이와 같이 살핍니다. '나

는 살고 싶고 죽고 싶지 않으며 즐거움을 원하고 괴로움을 싫어한다. 그러므로 만일 어떤 사람이 나의 생명을 빼앗는다면 그것은 기분 나쁜 일이며 달가운 일이 아니다. 나와 마찬가지로 다른 사람도 살기를 원하고 죽고 싶지 않으며 즐거움을 원하고 괴로움을 싫어한다. 그러므로 내가 만일 다른 사람의 목숨을 빼앗는다면 그것은 그에게 기분 나쁜 일이며 달가운 일이 아니다. 나에게 기분 나쁘고 달가운 일이 아닌 것은 남에게도 달가운 일이 아니다. 나에게 기분 나쁘고 달갑지 않은 것을 어떻게 남에게 행하게 하랴!' 이와 같이 살펴보기 때문에 그는

살아 있는 생명을 죽이지 않으며,
남에게도 죽이지 않도록 권하고,
죽이지 않는 것을 찬탄합니다.

(도둑질을 금함)

장자들이여, 다시 거룩한 제자는 이와 같이 살핍니다. '만일 어떤 사람이 내가 주지 않았는데 내 것을 훔쳐간다

면 그것은 나에게 기분 나쁜 일이며 유쾌한 일이 아니다. 마찬가지로 만일 내가 다른 사람이 주지 않은 것을 훔친다면 그것은 그에게 기분 나쁜 일이며 유쾌한 일이 아니다. 나에게 기분 나쁘고 유쾌한 일이 아닌 것은 남에게도 기분 나쁘고 유쾌한 일이 아니다. 나에게 기분 나쁘고 유쾌하지 않은 것을 어떻게 남에게 행하게 하랴!' 이와 같이 살펴보기 때문에 그는

주지 않는 것을 훔치지 않으며,
남에게도 훔치지 않도록 권하고,
훔치지 않는 것을 찬탄합니다.

(삿된 음행을 금함)

장자들이여, 다시 거룩한 제자는 이와 같이 살핍니다. '만일 누군가 나의 아내와 간통을 한다면 그것은 나에게 기분 나쁜 일이며 유쾌한 일이 아니다. 마찬가지로 만일 내가 남의 아내와 간통을 한다면 그것은 그에게 기분 나쁜 일이며 유쾌한 일이 아니다. 나에게 기분 나쁘고 유쾌한 일이 아닌 것은 남에게도 기분 나쁘고 유쾌한 일이

아니다. 나에게 기분 나쁘고 유쾌하지 않은 것을 어떻게 남에게 행하게 하랴!' 이와 같이 살펴보기 때문에 그는

성적인 부정행위를 하지 않으며,
남에게도 성적인 부정행위를 하지 않도록 권하고,
성적인 부정행위를 하지 않는 것을 찬탄합니다.

이 세 가지에 의해 몸의 행위는 깨끗해집니다.

(거짓말을 금함)

장자들이여, 다시 거룩한 제자는 이와 같이 살핍니다. '만일 누군가 거짓말을 해서 나의 이익을 훼손한다면 그것은 나에게 기분 나쁜 일이며 유쾌한 일이 아니다. 마찬가지로 만일 내가 남에게 거짓말을 해서 그의 이익을 훼손하였다면 그것은 그에게 기분 나쁜 일이며 유쾌한 일이 아니다. 나에게 기분 나쁘고 유쾌한 일이 아닌 것은 남에게도 기분 나쁘고 유쾌한 일이 아니다. 나에게 기분 나쁘고 유쾌하지 않은 것을 어떻게 남에게 행하게 하랴!' 이와 같이 살펴보기 때문에 그는

거짓말을 하지 않으며,

남에게도 거짓말을 하지 않도록 권하고,

거짓말을 하지 않는 것을 찬탄합니다.

(이간질을 금함)

장자들이여, 다시 거룩한 제자는 이와 같이 살핍니다. '만일 누군가 이간질하는 말을 해서 내 친구와 나를 갈라 놓는다면 그것은 나에게 기분 나쁜 일이며 유쾌한 일이 아니다. 마찬가지로 만일 내가 남에게 이간질하는 말을 해서 그의 친구와 그를 갈라 놓는다면 그것은 그에게 기분 나쁜 일이며 유쾌한 일이 아니다. 나에게 기분 나쁘고 유쾌한 일이 아닌 것은 남에게도 기분 나쁘고 유쾌한 일이 아니다. 나에게 기분 나쁘고 유쾌하지 않은 것을 어떻게 남에게 행하게 하랴!' 이와 같이 살펴보기 때문에 그는

이간질을 하지 않으며,

남에게도 이간질을 하지 않도록 권하고,

이간질을 하지 않는 것을 찬탄합니다.

(악담을 금함)

장자들이여, 다시 거룩한 제자는 이와 같이 살핍니다. '만일 누군가 나에게 악담을 한다면, 그것은 나에게 기분 나쁜 일이며 유쾌한 일이 아니다. 마찬가지로 만일 내가 남에게 악담을 한다면 그것은 그에게 기분 나쁜 일이며 유쾌한 일이 아니다. 나에게 기분 나쁘고 유쾌한 일이 아닌 것은 남에게도 기분 나쁘고 유쾌한 일이 아니다. 나에게 기분 나쁘고 유쾌하지 않은 것을 어떻게 남에게 행하게 하랴!' 이와 같이 살펴보기 때문에 그는

악담하지 않으며,

남에게도 악담하지 않도록 권하고,

악담하지 않는 것을 찬탄합니다.

(잡담을 금함)

장자들이여, 다시 거룩한 제자는 이와 같이 살핍니다. '만일 누군가 나에게 쓸데없는 잡담을 한다면 그것은 나에게 기분 나쁜 일이며 유쾌한 일이 아니다. 마찬가지로 만일 내가 남에게 쓸데없는 잡담을 한다면, 그것은 그에

게 기분 나쁜 일이며 유쾌한 일이 아니다. 나에게 기분 나쁘고 유쾌한 일이 아닌 것은 남에게도 기분 나쁘고 유쾌한 일이 아니다. 나에게 기분 나쁘고 유쾌하지 않은 것을 어떻게 남에게 행하게 하랴!' 이와 같이 살펴보기 때문에 그는

쓸데없는 잡담을 하지 않으며,
남에게도 쓸데없는 잡담을 하지 않도록 권하고,
쓸데없는 잡담을 하지 않는 것을 찬탄합니다.

이 네 가지에 의해 입의 행위는 깨끗해집니다."

열반에 이르는 길

| 상윳따 니까야: 45 막가 상윳따 27 |

방랑 수행자 잠부카다까가 사리뿟따 존자에게 이렇게 물었다.

"벗이여, 사리뿟따여, '열반' '열반'하는데 열반이란

무엇입니까?"

"열반이란 탐욕을 소멸하고, 성냄을 소멸하고, 어리석음을 소멸한 경지입니다."

"그러면 열반에 이르는 길이 있습니까?"

"벗이여, 열반에 이르는 길이 있습니다."

"그 길은 무엇입니까. 열반에 이르는 길은 무엇입니까?"

"벗이여, '성스러운 여덟 가지 길 [팔정도]'이 열반에 이르는 길입니다. 즉 바른 견해, 바른 생각, 바른 말, 바른 행동, 바른 생활수단, 바른 정진, 바른 마음챙김, 바른 집중입니다."

연기의 가르침

| 상윳따 니까야: 12 니다나 상윳따 41 |

아나타삔디까 장자는 부처님께 여쭈었다.

"지혜로써 철저하게 꿰뚫어 보고 선명하게 보는 훌륭한 방법은 무엇입니까?"

"장자여, 나의 거룩한 제자들은 연기의 가르침으로 철저하게 그리고 치밀하게 살핍니다.

이것이 있으면 저것이 있고, 이것이 없으면 저것이 없다.

이것이 일어나면 저것이 일어나고, 이것이 소멸하면 저것이 소멸한다.

이 연기의 도리가 바로 나의 거룩한 제자가 진리를 철저하게 꿰뚫어 보고 선명하게 보는 훌륭한 방법입니다."

마음의 받침대

| 상윳따 니까야: 45 막가 상윳따 27 |

부처님은 제자들에게 이와 같이 가르치셨다.

"마치 항아리에 받침대가 없으면 쉽게 넘어지고 받침대가 있으면 넘어지지 않는 것처럼, 마음도 그와 같이 받침대가 없으면 쉽게 넘어지고 받침대가 있으면 넘어지지 않는다.

무엇이 마음의 받침대인가? 그것은 바로 '성스러운

227

여덟 가지 길'이다. 즉 바른 견해, 바른 생각, 바른 말, 바른 행동, 바른 생활수단, 바른 정진, 바른 마음챙김, 바른 집중이다."

부처님이 말씀하시는 담마(Dhamma)의 의미

빠알리 경전은 부처님의 말씀에 대하여 "담마를 설하셨다" "부처님이 가르치신 담마" "담마는 잘 설해졌다" "의미를 갖춘 담마" "붓다·담마·승가" "담마의 바퀴" 등 부처님 가르침을 모두 '담마'로 표현하고 있다. 이 경우는 '가르침'이라고 번역하는 것이 합당할 것이다.

그런데 어떤 경우는 가르침이라는 의미보다 진리나 우주 현상, 대상, 바른 길 등 광범위한 함축을 가지고 있기 때문에 '담마'를 '가르침'이라는 한 단어로 한정할 수는 없다. 그래서 가르침이라는 한 단어에 한정하기보다는 그냥 '담마'로 번역하는 것이 좋을 것 같다.

'담마'가 '법(法)'으로 한역되었기 때문에, 그후 '부처님의 담마'를 '불법'으로, '붓다 · 담마 · 승가'를 '불법승'으로, '담마의 바퀴'를 '법륜'으로 한역하고 있다. 그러나 '법'이라는 번역은 의미가 한정돼 있어 '담마'의 뜻을 명쾌하게 드러내지 못한다.

담마의 원뜻은 '바른 의무'나 '덕성스러운 길'을 뜻한다. 부처님 이전부터 사용한 인도의 정신적 종교적인 용어이다. 담마는 인도철학을 통하여 우주의 진리나 최상의 실체 등을 설명하기 위해 사용되었다. 인도의 고유종교인 힌두교, 자이나교, 불교, 시크교 등은 모두 '담마'라는 용어를 사용하고 있다.

담마의 넓은 의미로는 바른 행동, 도덕적 가르침, 우주적인 법칙, 교리, 상태, 도덕적 행위, 현상, 정의, 대상, 개념, 진리, 바른 길, 교훈, 성질, 조건, 요소, 본성,

등 다양하다. 부처님은 이런 다양하고 훌륭한 뜻을 지닌 용어인 담마를 채용하여 당신의 가르침을 표현할 때 '담마'라고 하였다. 그래서 좁은 의미로는 '부처님의 가르침'이라고 할 수 있으나 그 함축적 의미는 이런 다양한 훌륭한 뜻이 내포되어 있다고 할 수 있다.

분명한 것은 이와 같이 '담마'의 뜻을 하나로 한정할 수 없으며 문장의 뜻과 문맥에 따라서 함축된 의미 중에서 더 합당한 뜻을 찾는 것이 바른 담마의 뜻일 것이다.

일아(一雅)

일아(一雅) 스님은 서울여자대학교를 졸업하고 고등학교 교사를 역임하였으며, 가톨릭 신학원을 졸업하였고, 조계종 비구니 특별선원 석남사에 법희 스님을 은사스님으로 출가하였다.

운문승가대학을 졸업하였고, 태국 위백아솜 위빠사나 명상 수도원과 미얀마 마하시 위빠사나 명상 센터에서 2년간 수행하였다. 미국 New York Stony Brook 주립대학교 종교학과를 졸업하였으며 University of the West 대학원을 졸업하였고, 동 대학원에서 철학박사 학위를 받았다.

LA Lomerica 불교대학 교수, LA 갈릴리 신학대학원 불교학 강사를 지냈다.

박사논문으로 『빠알리 경전에 나타난 부처님의 자비 사상』이 있다.

역서에 『한권으로 읽는 빠알리 경전』, 『담마빠다』, 『숫따니빠따』가 있고, 저서에 『아소까-각문과 역사적 연구』, 『우리 모두는 인연입니다』가 있다.

빠알리 경전에서 선별한
행복과 평화를 주는 가르침

초판 1쇄 발행 | 2009년 6월 25일
재판 1쇄 발행 | 2017년 11월 10일

옮긴이 | 일아
펴낸이 | 윤재승
펴낸곳 | 도서출판 민족사

주간 | 사기순
기획편집팀 | 사기순, 최윤영
영업관리팀 | 김세정

등록 | 1980년 5월 9일(등록 제1-149호)
주소 | 서울시 종로구 삼봉로 81 두산위브파빌리온 1131호
전화 | 02)732-2403, 2404
팩스 | 02)739-7565
홈페이지 | www.minjoksa.org
페이스북 | www.facebook.com/minjoksa
이메일 | minjoksabook@naver.com

＊잘못된 책은 바꾸어 드립니다.

값 11,500원

ISBN 978-89-98742-92-8 03220